Siegfried Binder

Judiths Tränen

Novelle

*Die Handlung dieser Erzählungen sowie die darin vorkommenden Personen sind frei erfunden, eventuelle Ähnlichkeiten mit realen Begebenheiten und tatsächlich lebenden oder bereits verstorbenen Personen wären rein zufällig.*

**Bibliografische Information der Deutschen Nationalbibliothek**
Die Deutsche Nationalbibliothek verzeichnet diese Publikation in der Deutschen Nationalbiografie; detaillierte bibliografische Daten sind im Internet über http://dnb.d-nb.de abrufbar.

© 2016 Siegfried Binder
Herstellung und Verlag: BoD - Books on Demand, Norderstedt
Satz, Layout: Ross Werbedesign, Soest
Titelbild: © Gemälde „Venezianerin" von Anselm Feuerbach, 1855/56

ISBN 9783741226915

*Den Menschen, die sich mir anvertraut haben.*

Er war an Hässlichkeit nicht zu überbieten. Er war klein und verwachsen, langnasig, fetthaarig und schieläugig. Man rief ihn Frosch, weil die Breite seines Mundes die Hälfte seines Gesichts einnahm. Zum Gaudi der Unverständigen verstand er sich als Dichter und Seher, recht betrachtet war er ein Naturphilosoph, der die bäuerliche Enge seiner Heimat nie verlassen hatte, sich deshalb nicht mit gleichwertigen Gesprächspartnern gedanklich austauschen konnte und sein Denken allein aus sich heraus entwickeln musste. Seine Eltern hatten ihn auf den Namen Noah getauft. Er wusste von seiner Familiengeschichte, dass die Großeltern 1917 dem Völkermord der Türken durch Flucht entkommen waren und sich im nördlichen Irak am Tigris als Bauern niedergelassen hatten. Sie hatten ihre aramäische Muttersprache und ihren christlichen Glauben behalten und waren stolz, die Sprache Jesu zu sprechen und dem Volk an zu gehören, das als erstes seiner Lehre sich angeschlossen hatte. Der Frosch sah manche Dinge des tradierten christlichen Glaubens anders, fast ketzerisch, wurde aber toleriert und tolerierte seinerseits. Von seiner Körperstatur eher schwach, vom Aussehen abstoßend, zog er sich als Heranwachsender in die Einsamkeit zurück und suchte die Ruhe der Abgeschiedenheit. Dann dachte er über das Leben, die Vergänglichkeit und die Ewigkeit nach. Er hielt mit seiner Ideenwelt nicht zurück:

„Wir Menschen sind der Natur unterworfen und unterwerfen die Natur. Die Natur ist weder vernünftig noch moralisch. Sie lebt nach den ihr vorgegebenen Gesetzen. Der Mensch ist frei, weil er denken und Neues erschaffen kann. Er entscheidet selbst über gut und böse. Gott haust nicht unter den Sternen, er bestimmt nicht das Weltgeschehen und lenkt nicht unser Schicksal. Ein solcher Gott existiert nicht, er wird uns dereinst auch nicht richten. Gott ist in uns. Jeder Mensch bestimmt sein Sosein selbst. Sittliche Verantwortung haben wir zu aller erst uns gegenüber. Diese Moral ist fordernder als Hunger und Durst. Unsere Freiheit erlaubt uns zu entscheiden, ob wir moralisch leben wollen in Sicherheit trotz unberechenbarer Naturgewalten oder den

Gesetzen des Bösen folgen, wo der Mensch des Menschen Feind ist."

Oh, da hatte er was gesagt! Die streng gläubigen Orthodoxen zerrten ihn vor ein Kirchengericht und befragten ihn hochnotpeinlich. Bestreitet er die Existenz Gottes, Jesu Sohnschaft Gottes und seine Auferstehung und Himmelfahrt? Spaltet er die Gemeinschaft, muss er exkommuniziert werden? Da stand er vor den hohen Herren, verdattert und bestürzt und sein so loses Mundwerk brachte kein Wort hervor. Der Pfarrer seines Dorfes, der ihn getauft und kommuniziert hatte, verteidigte ihn: „Brüder, er ist ein besonderes Kind Gottes. Schon früh hatte er Gesichte.

Er gab sie preis und man verdächtigte ihn als Hexer. Man mied ihn, bis man sich im Dorf überzeugt hatte, dass er harmlos ist und nichts weiter darstellt als einen Träumer, Spinner und Sonderling mit skurrilen Ideen und spleenigem Verhalten. In der Schule lernte er schnell, verschlang alle Bücher, denen er habhaft wurde. Er informierte sich übers Internet, was in der Welt geschieht, versteht so manches und vieles nicht. Er hat begriffen, dass in unserer heutigen Welt Lust zum Laster wird, Sinnenfreude zur Perversion verkommt, der Glaube stirbt oder zum Fanatismus mutiert. Sein Gedächtnis ist phänomenal - er kann die Heilige Schrift komplett wortwörtlich Euch wiedergeben. Zuweilen meine ich, dass sein Geist verwirrt ist. Er stellt Dinge in Frage, die ganz offenbar und bewiesen sind. Zum Beispiel, dass Gott im Himmel thront und wir seinen ewigen Gesetzen vertrauen dürfen, dem Wechsel von Tag und Nacht, von Sommer und Winter. Dann wiederum hat er erhellende Gedanken, schwer nach zu vollziehen und von durchdringender Klarheit, wie verglühende Sternschnuppen in der dunklen Nacht. Seht seine Gestalt - genauso verwachsen scheint sein Denken. Ich frage mich, ob er uns nicht überlegen ist und er eine Sprache spricht, die wir noch nicht verstehen. Sein Wesen ist sanft und friedfertig. Nie kommt ein böses Wort über seine Lippen. Er strahlt die Liebe Gottes aus. Lasst ihn in unserer Mitte, ich verbürge mich für ihn." Der Kirchenrat billigte Noah die Freiheit des Fantasten zu und er fühlte sich in

dieser Freiheit gut aufgehoben.
Die Felder und Wiesen der Familie Athra schmiegten sich an den Tigris. An diesem Tage war Noah von seinem Vater beauftragt worden zu überprüfen, ob die als Wasserspeicher für die Tiere angelegten Brunnen noch hinreichend gefüllt seien. Die Wassermenge des Tigris hatte in den letzten Jahren kontinuierlich abgenommen, der Spiegel des Grundwassers war bedrohlich gesunken. Es war Hochsommer und es hatte seit sieben Monaten nicht geregnet. Die trockene Hitze von über 40 Grad ließ die Luft flimmern und zauberte merkwürdige, fließende Gestalten und Gebilde vor die Augen von Noah. Kobolde purzelten zwischen Erde und Himmel, schnitten Grimassen und winkten ihm zu. Sie sprangen wie spielende Lämmer auf Mauern und Türmen, die sich verbogen und zusammenfielen. Ein todblasses Antlitz formte sich, glotzte ihn mit entleerten Augen an, Menschen schrumpften zu Kinderskeletten. Obwohl Noah solche Luftspiegelungen kannte, erschrak er. Ihn beschlichen dunkle Ängste. Von seinen Gefühlen besetzt, schloss Noah die

Augen und schritt voran, ohne auf seine Umgebung weiter zu achten. Er sprach laut vor sich hin und gab seiner situativen Gestimmtheit dichterischen Ausdruck; weil er meinte, Gefühl und Vernunft seien nur in der Poesie vereint:

„Totenstille - doch ich werde gewahr,
es droht mir Gefahr.
Will mich schier erdrücken,
kann sie nirgendwo erblicken.
Aus dem Nichts fühl´ ich ihn nah´n
den Tod bringenden Orkan.
Und wie im Traumgesichte
wiederholt sich vergessene Geschichte.
Er saust und braust, jagt die Wolken,
peitscht das Wasser, entwurzelt Bäume,
dringt in alle Lebensräume.
Gott, ich habe nur eine Bitte,
beschütze mich in meiner Hütte.
Ich höre, wie er pfeift und heult,
nirgendwo verweilt.
Widerstand zerschmettert,
lärmt und tost und Flüche johlt,
Blitz und Donner als Gehilfen holt.
Zornig an der Türe rüttelt,

wutentbrannt die Hütte schüttelt.
Wahllos schlägt er, ziellos ist sein Hass.
Das Vernichten, das Ausmerzen ist sein Spaß.
Löscht Leben aus,
ohn´ Mitgefühl und eisigkalt,
und keine Macht gebietet Halt.
Hinterlässt als Held
eine verwüstete Welt.
Seine Fährte ist verbrannte Erde."

Während er so selbstvergessen und selbstverliebt wandelte, rezitierte und sich korrigierte, stolperte er und fiel in einen Brunnen. Er fiel nicht tief, zog sich auch nur kleine Schrammen zu. Das Wasser im Brunnen stand ihm kniehoch und kühlte angenehm. Er rief nicht um Hilfe, sondern meinte, im philosophischen Sinne sei seine Stunde gekommen. In seinem Herzeleid spürte er bisher nie erlebte spirituelle Gehobenheit und wünschte sich, dass sie nie vergehe. Er jauchzte innerlich:
„Welch ein Glück, in der Einsamkeit zu sterben. Dahin die Jugend, dahin die Zeit. Ich liebte die Welt, nun hat sie mich verlassen. Welch schöner Tag, welch schöner Morgen.

Das Leben ist nicht verloren, in der Ewigkeit werden wir neu geboren."

Er horchte und meinte, Engelstöne zu hören und Geläut von Glocken aus einer anderen Welt. Es war der Nachbar, der zufällig mit seinem Esel des Wegs kam und sein Tier tränken wollte. Der Esel, von Durst geplagt, beugte sich über den Brunnenrand und schrie sein klägliches la, la, la. Noah schaute nach oben und sah ein Teufelsgesicht. Das Glücksgefühl fiel von ihm ab und Furcht erfasste ihn. Wird nun ein Donnerwort den Weltuntergang verkünden? Die letzte Posaune erschallen und der Rufer ihn zum Gericht auffordern? Nein, wie bei allen Poeten vermengten sich bei ihm Wirklichkeit und Gaukelei.

Der Bauer warf einen Eimer, der am Tau befestigt war, in den Brunnen und wunderte sich, dass das Wasser nicht platschte. Er schaute in die Tiefe des Wasserlochs, rieb sich verwundert die Augen und erkannte nach einer Weile, dass sich dort unten ein Mensch befand. Er rief:

„He, Du da, wer bist Du, was machst Du da unten?"

Noah antwortete:

„Ich bin der Noah."

„Oh je, der Schelm und Possenreißer. Was hast Du schon wieder im Sinn?"

„Ich warte auf meine letzte Stunde."

„Und wie lange schon?"

„Es ist eine Zeit her. Ich hatte eine schreckliche Vision. Es wird uns Böses widerfahren, Tod und Verderben."

„Du Narr. Du haust seit Geburt wie in einer dunklen Erdhöhle, siehst nur den Himmel und die Wolken, vielleicht die Schatten der Vorübergehenden und willst uns die Zukunft der Welt prophezeien. Hilf lieber, die Erde zu pflügen und die Ernte einzubringen. Dann wirst Du auch den Weltenlauf verstehen."

„Bauer, kennst Du nicht den Urschmerz, der alles lähmt? Die Wunde, die Dich kraftlos macht? Den Gedanken, der Dich gefangen hält? Kennst Du nicht die Geschicke unseres Volkes, die sich jeder Zeit erneuern können?"

„Nein, kenne ich nicht. Weißt Du, was ich kenne? Ich habe ein tüchtiges und sinnenfrohes Weib, ich esse beherzt den Schinken und trinke genüsslich den Wein. Die Kühe geben mir Milch und die Bienen Honig. Und ich kenne die anfallende Arbeit des Tages. Wo ist das Traurige und das Trübe? Höre auf, Dich zu belügen. Komm herauf, an den Wänden sind Steigeisen, beweise, dass in Dir Mumm steckt! Merke Dir: Was Du nicht für Dich tust, wird keiner für Dich erledigen."

Noah kletterte aus dem Brunnen, ließ sich auf den Brunnenrand nieder und blinzelte zum Bauern:

„Ich kann Dir bei der Arbeit nicht helfen. Ich muss denken und weiß selbst nicht, woher meine Gedanken kommen. Sie sind einfach da. Ich weiß aber, nur wer denkt, der überlebt. Es sei, er opfert sich. Um auf unser voriges Thema zurück zu kommen, wiederhole ich und sage voraus, die Blitze des Bösen werden uns treffen."

„Woher nimmst Du diese Gewissheit? Ist es nicht Gotteslästerung, wissen zu wollen, was Gott allein weiß?"

„Ich will es Dir verständlich machen. Es war einmal ein Mann, den rief man Lacher. Man hatte ihm diesen Namen gegeben, weil alle Bäume, Sträucher und Pflanzen blühten, wenn er lachte. Der Sultan hatte einen prächtigen Palastgarten, allein, es wollte darin nichts blühen. Er hörte vom Lacher und befahl, ihn herbei zu schaffen. So geschah es. Als Lacher vor dem Sultan stand, wurde ihm befohlen zu lachen. Aber Lacher konnte nicht lachen. Er hatte Angst. Der Sultan bestellte Tänzer, Musiker und Gaukler herbei, die Lacher erheitern sollten. Vergeblich. Der Sultan ließ das Leibgericht von Lacher herrichten und gab ihm den besten Wein zu trinken. Es half nicht. Schließlich befahl der Herrscher seinen Haremsdamen, Lacher mit Witzen, Späßen und Neckereien zu unterhalten. Lacher blieb ernst und konnte nicht lachen, obwohl er wollte. Der Sultan erprobte, was sonst immer half. Er versprach Lacher so viel Gold, wie er zu tragen imstande wäre, wenn er nur einmal seine Fähigkeit beweise. Diesen Beweis blieb Lacher schuldig. Da ließ der Sultan Lacher ins Gefängnis werfen und verkündete, wenn Lacher in drei Tagen nicht lache, werde er zur Strafe gehängt. Die Drohung des Sultans bewirkte nichts und so wurde Lacher am vierten Tag zum Galgen geführt, der im Garten des Sultans errichtet worden war. Lacher wurde ein Strick um den Hals gelegt, er hatte bereits mit dem Leben abgeschlossen. Der Henker wartete auf das Zeichen des Sultans, da schwebte auf den Winden des Himmels ein Rabe herbei und ließ etwas fallen. Es machte platsch und auf das Haupt des Sultans klatschte ein großer Fladen Vogelscheiße und bespritzte sein Gesicht. Lacher musste lachen, laut und kräftig und ohne Ende. Ringsum sprangen die Knospen auf und verwandelten den Garten in ein Blütenmeer. - Bauer, verstehst Du das Märchen?"

„Ja, es ist ein schönes Märchen."

„Gewiss. Und will sagen, jede Gabe ist ein Geschenk des Himmels, über die wir nur bedingt verfügen. Sie kommt uns zugeflogen. So auch das Glück und das Pech, das uns ereilt und unser Schicksal lenkt."

Zu gleicher Zeit saß Judith, die Schwester von Noah, auf einem Stein am Ufer des Tigris und hütete Schafe.

Der Tigris hatte sich hier ein bequemes Bett bereitet, führte nur wenig Wasser und floss ruhig und gemächlich dahin. Die Sonne warf helle

Lichter auf das Wasser, die sich darin reflektierten. Ein warmer Wind tänzelte federleicht über die Erde und fächerte dem Mädchen Erfrischung zu. Die Schafe lagerten im Schatten von Gebüschen und käuten wider. Judith war sechzehn Jahre alt, schlank, dunkelhaarig, braunäugig mit einem fein geschnittenen Gesicht. Ihre Beine baumelten im Fluss. Der Stand der Sonne zeigte ihr an, dass sich der Tag neigte. Sie überlegte, dass sie noch zwei jüngere Geschwister versorgen musste und bald die Tiere zum nahe gelegenen Elternhaus in die Einfriedung treiben müsse. Noah kam daher geschlendert und blieb bei ihr stehen. Er betrachtete sie und dachte, sie ist wie eine duftende Blume mit blühenden Augen.
„Frosch, woher kommst Du? Du solltest eigentlich die Schafe hüten. Ich habe schon sehr lange Zeit auf dich gewartet."
„Ach, der Satan hat mir den Tag gestohlen und Unflat auf meinen Weg geworfen. Ich fiel aus Versehen in den oberen Brunnen und sah von der Erdmitte durch einen runden Ausschnitt in den Himmel. Mir wurde bewusst, dass wir wie

in einem Kahn ohne Steuer auf dem Tigris fahren und nicht wissen, wohin wir getrieben werden. Das ist die Wahrheit und die Wahrheit ist Gott. Er ist absolut, ewig, unerforschlich. Er lässt sich nicht gedanklich vereinnahmen und besitzen. Deshalb kennt kein Mensch die Wahrheit und kein Mensch verfügt über die Wahrheit. Wir können nach ihr und damit nach Gott nur demütig suchen. Meine liebste Schwester, als ich das im Wasserloch begriffen habe, war ich sehr glücklich."
Judith schüttelte den Kopf.
„Liebster Schwätzer, Du redest und redest, warum denn nur? Wer soll Dich verstehen. Wenn Du so plauderst, weiß ich nie, sagt er etwas Gescheites oder etwas Törichtes. Wir wissen doch alle, dass unser Schicksal unergründlich ist. Es ist vorgezeichnet und wir folgen ihm. Genieße das Leben, die Freude, die Schönheit und mache es Dir nicht unnütz schwer. Verrichte das Dir auferlegte Tagewerk und alles wird sich zum Guten fügen. Ich liebe das Leben und meide Betrübnis."
„Schwester, mir ist das Leben oft wie ein Traum. Träumst Du denn nicht?"

„Jeder hat Träume. Als ich hier saß, halb schlummerte, da träumte ich von Dingen, die sich wohl nie erfüllen werden. Du wirst es nicht erraten!"
Voll Übermut kauerte sich Noah vor ihr nieder.
„Ich habe einen Reim für Dich ausgedacht, er wird Dir gefallen."
„Nein, ich will ihn nicht hören. Du willst mich nur wieder ärgern."
Noah beugte sich zu ihr und tuschelte ihr ins Ohr:
„Schwesterchen, ich kenne Dich allzu gut und weiß, in Dir glimmt Liebesglut. Deine Träume fliegen zu Tomek zum Vergnügen. Du musst ständig daran denken, wird er mir sein Herz auch schenken? Lass Dich nicht von mir quälen, werde Vater auch nichts erzählen."
Judith errötete.
„Was sollen Deine Anspielungen? Man kann sich mit Dir nicht ernsthaft unterhalten. Eigentlich wollte ich Dir meinen Traum erzählen. Aber Du lässt einen ja nicht zu Worte kommen."
Noah senkte scheinbar reumütig den Kopf:
„Sei mir nicht böse. Was hast Du an diesem

romantischen Orte geträumt?"

„Unterbrich mich nicht, auch wenn ich meine Gefühle, die ich bei den Traumbildern hatte, nicht schildern kann. Es war so. Ich trete vom Dunklen ins Helle. Ich stehe erhöht und vor mir sind viele Menschen versammelt. Ihre Augen sind erwartungsvoll auf mich gerichtet. Ich verneige mich, richte mich auf und halte einen Granatapfel hoch in der Hand. Die Menschen jubeln, doch aus der Granate tropft Saft, rot und zähflüssig. Es ist Blut, das an meinem Arm herunterläuft und an meinen Händen kleben bleibt. Man hebt mich auf ein Pferd, das sich in die Lüfte schwingt und mit sich trägt. Von weitem sehe ich ein Schloss, groß und prächtig mit goldenen Kuppeln. Ich treibe mein Pferd mit der Peitsche an, es schnauft und läuft im gestreckten Galopp voran. Ich reite und reite, die Welt fliegt an mir vorbei und komme dem Schloss doch nicht näher. Das, mein Brüderchen, ist mein Hoffnungsbild, denn gar zu gern möchte ich in ein Schloss einziehen."

In Noah war bei dem Bericht von Judith wieder unbestimmte Düsternis aufgestiegen.

Judith wartete nicht auf seine Deutung, sie wandte sich ihm zu und tippte mit dem Zeigefinger an seine lange Nase:
„Komm, Naseweis Bruderherz, wir bringen die Herde ins Gehege. Ich habe den Kleinen eine Überraschung versprochen. Wenn ich sie ins Bett bringe, werde ich ihnen ein Märchen erzählen und ihnen danach eine Süßigkeit aus Butter, Sahne und Zucker schenken, die ich ihnen heute zubereitet habe."
Noah schmatzte laut mit den Lippen.
„Oh, das wird mir schmecken."
„Du Egoist, denkst Du denn nur an Dich?"
„Nein, nicht nur, aber meistens. Ich bin mir selbst der Nächste."
Unterwegs spaßten und lachten die Beiden weiter, denn sie hatten sich lieb. Beim Abendbrot saßen Vater, Mutter, Großmutter und die vier Kinder der Familie Athra in gewohnter Ordnung um den Tisch. Wie zu jeder Mahlzeit nahm der Vater die Bibel zur Hand, schlug sie auf und las mit lauter und kräftiger Stimme den 23. Psalm:
„Der Herr ist mein Hirte; mir wird nichts mangeln. Er weidet mich auf einer grünen Aue

und führet mich zum frischen Wasser. Er erquicket meine Seele; er führet mich auf rechter Straße um seines Namens willen. Und ob ich schon wanderte im finsteren Tal, fürchte ich kein Unglück; denn du bist bei mir, dein Stecken und Stab trösten mich..."

Er hielt unvermittelt inne. Er war ein einfacher, wenig gebildeter, aber lebensweiser Bauer, der in der Regel wenig sprach und nun eine ungewöhnlich lange Rede hielt:

„Ich bin bedrückt. Wir Aramäer waren einst ein großes und stolzes Volk. Auch wir haben vor grauer Zeit andere Völker unterdrückt. Dann hat Gott seinen Sohn gesandt und wir haben als erstes Volk ihn als unseren Erlöser angenommen. Wir sind deshalb verfolgt, vertrieben und getötet und in alle Welt zerstreut worden. Aber wir haben zu keiner Zeit und an keinem Ort von unserem urchristlichen Glauben gelassen, weil Gott in uns wohnt. Nun leben wir in schweren Zeiten. Das Böse hat sich erhoben. Die Islamisten wollen uns auslöschen. Sie hassen uns. Man hat mir erzählt, dass sie in das nördliche Irak vorgestoßen und bereits in einzelne Nachbardörfer eingedrungen seien. Nur Gott weiß, was uns erwartet. Um zu überleben, bleibt immer dem Herrn ergeben.

Seid friedfertig wie die Tauben und klug wie die Schlangen. Schmuck und Goldmünzen habe ich im unteren Brunnen versteckt. Wer im Notfall sein Leben damit retten kann, nehme es. Nun lasst uns beten."

Er sprach das Vaterunser, bekreuzigte sich und wünschte Guten Appetit. Die Familie löffelte bedrückt und schweigsam die Milchsuppe aus den Tellern und aß Fladenbrot dazu. Man hörte Schritte, die Tür wurde gewaltsam aufgestoßen und drei bewaffnete Männer, halb maskiert mit Maschinenpistolen im Anschlag, drangen in die Küche ein.

Der Anführer schrie:

„Ihr Schweinefresser, Satansbrut, Gottverleugner, erhebt euch!"

Alle Familienmitglieder standen auf.

„Ich fordere euch im Namen Allahs und unseres Kalifen auf, schwört von eurem Irrglauben ab. Bekennt euch zum einzig wahren Glauben, indem ihr dreimal schwört: Es gibt keinen Gott außer Gott und Muhamed ist sein Prophet. Ihr werdet in Zukunft täglich Allah, den Allmächtigen, Allbarmherzigen und Allwissenden anrufen und um seine Gnade bitten. Ihr werdet im Ramadan fasten, den Zakat geben, einmal in eurem Leben die große Pilgerfahrt antreten und nur reine Speisen zu euch nehmen. Falls erforderlich, seid ihr bereit, im Heiligen Glaubenskrieg euer Leben zu opfern. Das Paradies wird eure Belohnung sein. Also sprecht das Glaubensbekenntnis und schwört dem Kalifen die Treue."

Die Angesprochenen waren versteinert und blieben stumm. Furcht und Entsetzen lähmten ihre Zungen. Nach Augenblicken der totalen Stille erklärte der Vater mit fester Stimme: "Wir glauben wie ihr an einen alleinigen Gott, darüber hinaus an seinen zu Fleisch gewordenen Sohn und den Heiligen Geist. Und das sind und bleiben die Schriften unseres Glaubens."

Er hob die auf dem Tisch liegende Bibel wie zum Schwur in die Höhe und ergänzte flehend: „Bitte, lasst uns in Frieden miteinander leben!"

Schüsse zerrissen ohrenbetäubend die Enge

des Raumes. Der Vater wurde von der Wucht der Geschosse an die Wand geschleudert und sackte tot auf die Sitzbank nieder. Die zwei Kleinsten schrien auf und klammerten sich an die Mutter. Die Erwachsenen, schreckensbleich, verharrten in Schockstarre. Die Großmama hastete zu ihrem Sohn, nahm den Toten in den Arm und klagte laut:
„Was hat er euch getan, warum, warum."
Sie richtete sich auf.
„Ihr seid keine Menschen. Verflucht sei Muhammed, der solches befiehlt, verflucht seid ihr, die ihr solchen Befehlen gehorcht."
Ein Gotteskrieger schlug sie nieder, schleuderte sie mit Fußtritten gegen die Bank und stach mit dem Dolch auf sie ein. Der dritte Salafist riss die Ikonen von der Gebetswand herunter, schmetterte sie auf den Fußboden und zertrat sie mit den Füßen. Der Rädelsführer brüllte:
„Raus, raus, ihr Teufelsgesindel!"
Mit Tritten und Schlägen stießen sie die Überfallenen aus dem Haus. Im Freien war die Luft vom Wehgeschrei der Dorfbewohner erfüllt, die offenbar sich nicht zum Islam

bekehren lassen hatten. Die Dschihadisten hetzten, peitschten und prügelten sie zum Fluss. Auf dem Weg dorthin entdeckte der Kommandeur der Truppe Judith. Beim Anblick der jugendlichen Schönheit des Mädchens erwachte in ihm die Begierde nach sexueller Lust. Er befahl Judith zu sich.
„Ich bin Haydar, der Löwe und Kommandeur der Kampfeinheit. Wie heißt du?"
„Judith."
„Wie alt bist du."
„Sechzehn."
„Hast Du einen Mann?"
„Nein."
„Bist du noch Jungfrau, wie eure Heilige Maria?"
Er lachte über seinen Witz.
„Ja."
„Gut. Ab jetzt bist du meine Sklavin. Ich werde dich gütig behandeln, wie es Muhammed befiehlt. Ich erwarte von dir, dass du dich in meinem Hause züchtig und gehorsam verhältst. Solltest du aufmüpfig sein, werde ich dich belehren oder mich deiner enthalten oder dich einsperren oder dich züchtigen, wie es

Allah durch den Mund Muhammeds vorgeschrieben hat."
Zu einem nahestehenden Gotteskrieger gewandt:
„Bringe sie zu mir."
Judith fügte sich, willenlos, von Todesfurcht blockiert.
Noah, der diese Begegnung aus nur kurzer Entfernung beobachtet hatte, hielt die Gelegenheit für günstig, auch sein Leben zu retten. Er lief zum Kommandeur, warf sich vor ihm auf die Erde und deklamierte nicht nur das Glaubensbekenntnis, sondern auch den Anfang der ersten Sure des Korans:
„Im Namen Allahs, des Allbarmherzigen. Lob und Preis Allah, dem Herrn aller Weltbewohner, dem gnädigen Allerbarmer, der am Tage des Gerichts herrscht. Dir allein will ich dienen und zu dir flehen um Beistand. Du führe uns auf den rechten Weg, den Weg derer, die deiner Gnade sich erfreuen und nicht den Pfad jener, über die du zürnest oder die in die Irre gehen..."

Noah wusste, dass vom Glauben her das Ethos des Islam Gehorsam, Unterwerfung, Selbstaufgabe, Ergebenheit sind, die mit Angst, Gewalt, Drohung und Zwang erzwungen werden. Er schmeichelte unverhohlen dem Kommandeur im Wissen, dessen verwundbare Stelle damit zu treffen: „ Kommandeur, der du Gewalt von Allah bekommen hast, nimm mich an, denn ich glaube an Gott, den Allbarmherzigen. Lob und Preis sei ihm, dessen Urteil sicher trifft und der seine Krieger auf Erden sorgsam auswählt. Vor ihm ist nichts verborgen, was im Himmel und auf Erden geschieht. Ich selbst war verwirrt und sündig, doch durch deine Strenge, Unnachsichtigkeit und ruhmreiche Siege im Glaubenskrieg habe ich erkannt, dass Allah dein Schwert führt. Es gibt nur einen Gott, der durch den Propheten Muhammed gesprochen hat. Ich will fortan die Gebote Allahs halten, mit Gut und Blut für die Sache Allahs kämpfen und bin bereit, den Märtyrertod zu sterben, um dafür das ewige Leben und nicht endende Freuden im Paradies zu erhalten."
Er schaute prüfend zum Kommandeur auf.

Haydar, Sohn reicher Eltern aus Damaskus, hatte auf der Yale Universität in London studiert und sein Studium als Magister in Politologie und Soziologie abgeschlossen. Ihn überraschte, einen Bauernlümmel mit Kenntnis des Korans anzutreffen. Er war blind für seinen eigenen religiösen Fanatismus, aber seherisch für Heuchelei. Er spürte, dass Noah ihn belog und wusste, wer am meisten am Leben hängt, hat am meisten Angst, es zu verlieren. Diese Angst und nicht Erkenntnis war das Motiv der Überläufer, sich den Gotteskriegern anzuschließen. Er forschte Noah aus:

„Du willst mit uns kämpfen?"

„Ja, Herr."

„Und bist bereit, die Deinigen zu töten?"

„Ja, Herr, Allah hat mit uns Großes vor."

„Würde es dich nicht in Gewissensnöte stürzen?"

„Nein, Herr. Im Koran steht, bekämpft die Ungläubigen, die in eurer Nachbarschaft wohnen. Lasst sie eure ganze Strenge fühlen und wisst, dass Allah mit denen ist, die ihn fürchten. Und an anderer Stelle steht geschrieben, kämpft für Allahs Weg, wie es sich geziemt, für ihn zu kämpfen. Er hat euch auserwählt und euch nicht Unmögliches auferlegt."

„Erkläre mir, wie du den Text verstehst."

„Dem Reinen ist alles rein, zum Unreinen passt nur Schwein."

„Ist das nicht überzogen?"

„Die Gläubigen leben im Lichte der Wahrheit, die Ungläubigen leben im Morast wie die Schweine und sind es selbst geworden.Sie denken und fühlen in satanischen Kategorien. Das Höllenfeuer wird deshalb ihre Wohnung sein und sie werden ewig darin verweilen."

„Wie ruft man dich eigentlich?"

„Noah, aber meistens Frosch. "

„Gut Noah. Du bist hässlich und genau so klug wie hässlich. Bei deiner körperlichen Missgestalt und deiner selbst empfundenen Minderwertigkeit wird es dir leicht fallen, für Allah und die gerechte Sache Menschen zu töten. Nicht, weil sie ungläubig sind, sondern weil sie schön und wohlgestaltet sind. Denn das ist für dich unerträglich und unerreichbar.

Ich ernenne dich hiermit zum Soldaten unseres Kalifats. Nun darfst du deinem Neidhass freien Lauf lassen. Nimm dir die hübschesten Frauen der Ungläubigen und erschlage die ansehnlichsten Männer von ihnen. Aber glaube nicht, ich hätte dich nicht durchschaut. Ich weiß, wenn die Machtverhältnisse sich ändern, wirst du die Seiten wechseln. Dann bist du mein Feind. Ich werde auf der Hut sein und dich streng beobachten. Frosch, hüte dich vor unüberlegten Schritten!"

Der Abend war angebrochen, angenehme Kühle überzog das Land. Die Sonne begann, sich hinter die Berge zu verstecken und strahlte tiefrot matt aus weiter Ferne. Der Fluss schleppte sich träge dahin, gluckste und gurgelte und spiegelte das Abendrot wider. Die Mutter wurde mit ihren zwei jüngsten Kindern zum Tigris getrieben. Dort standen auf der Uferböschung jene Dorfbewohner bereits aufgereiht, die sich geweigert hatten, zum Islam über zu treten.

Aus sicherer Distanz lässt sich der Tod schön besingen und in heldenhafte Verse schmieden. Wie kühn schauen wir ihm ins Auge, wenn wir

die Gewissheit haben, er schleicht sich an uns vorbei. Doch streift er uns, ergreift uns das Zittern und Bangen vor dem unersättlichen und unausweichlichen Schlund. Da also standen die Männer, Frauen und Kinder, gesund und kräftig, frei von Siechtum, frei von körperlichen Schmerzen, aber voller Hoffnung, voller Wünsche, Lebensplänen und Lebensmut. Man hatte ihnen Glaube, Liebe und Ewigkeitshoffnung und andere Tugenden eingetrichtert, nur nicht Kampf, Mut und Stärke in bedrängter Lage. Schlägt man dich, so biete deinem Widersacher die andere Wange an. Die Dschihadisten hielten sich an das Gebot aus der Sure 47:
„Wenn ihr im Krieg mit den Ungläubigen zusammentrefft, dann schlagt ihnen die Köpfe ab, bis ihr eine große Niederlage unter ihnen angerichtet habt."
Obwohl in der Überzahl, obwohl bewaffnet, warteten die Dörfler auf das Schlachtfest der Krieger Gottes mit Schluchzen, weichen Knien, kaltem Schweiß und rasendem Herz. Keiner wehrte sich, keiner floh.
Auf dem Weg zum Richtstätte fragte der

siebenjährige Josua seine Mutter:
„Mama, warum machen sie das mit uns?"
„Sie wissen nicht, was sie tun."
„Müssen wir sterben?"
„Der liebe Gott wird uns zu sich nehmen, da, wo der Papa jetzt ist."
Esther, drei Jahre alt, quengelte dazwischen:
„Ich möchte meine Puppe haben, sie soll mitkommen."
Josua maulte trotzig und mit fester Stimme:
„Ich will nicht sterben. Ich reiße aus."
Die Mutter schaute auf ihn herab. In ihrem Kopf arbeitete es fieberhaft. Josua war von kräftigem Wuchs, charakterlich ungestüm und manchmal von einem Mut, der an Tollkühnheit grenzte. In Gestik und Sprache ahmte er seinem Vater nach. Es machte Spaß, sich mit dem fantasievollen Knaben zu unterhalten, denn seine geistige Aufgeschlossenheit beeindruckte sehr. Als die Erwachsenen wiederholt das Gerücht beraten hatten, dass die Gotteskrieger näher rückten und in den eroberten Gebieten plünderten, folterten und töteten, hatte er heimlich gelauscht und naseweis und prahlerisch verkündet:

„Sie sollen kommen, ich werde sie alle verjagen." Die Mutter hatte sich, auf dem Weg zur Hinrichtungsstätte, zu einem Entschluss durchgerungen. Sie beugte sich über Josua und flüsterte ihm mit stockender Stimme eindringlich zu:
„Josua, hör zu. Du wirst nicht sterben, wenn du ganz tapfer bist und tust, was ich dir sage. Siehst du vor uns die Sträucher? Dort werde ich hinfallen und schreien. Du läufst in diesem Moment zu eurem Badestrand und versteckst dich dort. Du kennst ja die geheimen Orte. Laufe so schnell du kannst, laufe um dein Leben."
Josua liebte seine Mutter über alles. Er schreckte hoch und blickte sie ungläubig an:
„Und du, Mama, und Esther? Ich will nicht ohne dich sein."
„Sie werden uns töten. Du sollst überleben, du wirst überleben. Das weiß ich. Und wenn du groß und stark bist, dann räche uns. Töte sie. Ich werde dich vom Himmel beschützen, ich werde immer bei dir sein, bei meinem großen und starken Sohn. Gott sei mit dir."
Sie bekreuzigte ihn, ihre Worte duldeten

keinen Widerspruch und brannten sich in seine Seele ein. Kurz vor einem Weidestrauch ließ sich die Mutter fallen, so, als ob sie gestolpert sei. Sie schrie auf, jammerte und befahl Josua: „Jetzt lauf!"
Josua rannte, rannte und wühlte sich durch den Uferbewuchs, den er vom Spiel her kannte, bis er keine Luft mehr bekam und ihn die Kräfte verließen. Er hetzte voran und wimmerte dabei Mama, Mama, Mama. Es klang wie ein unendliches Klagelied und kam aus der Tiefe einer gebrochenen Kinderseele.
Josua blieb stehen und orientierte sich. Er keuchte, erkannte im Abendgrau die Umgebung und kroch durch tiefliegende Zweige in ein Schlupfloch, das er vom Spiel her kannte. Er erschrak, als er zwei Beine berührte und eine Stimme fragte:
„Wer bist du?"
„Ich bin Josua."
„Von Athras?"
„Ja. Und du?"
„Ich bin der Jakob von neben an. Ich habe geangelt. Wo kommst du her?"
„Ich bin fortgelaufen, als sie uns erschießen

wollten."

„Oh je, dann werden sie dich suchen!"

Jakob hatte kaum seine Befürchtung ausgesprochen, als die Jungen hörten, wie sich Schritte näherten und sich jemand durch den Wildwuchs arbeitete. Sie hielten den Atem an. Der Unbekannte blieb kurz vor dem Versteck stehen, dann bog er die Zweige der Büsche auseinander. Im Gegenlicht konnten sie einen riesigen, schwarz gekleideten Mann erkennen, dessen blonde Haare locker über die Schultern fielen. Das Entsetzen, entdeckt worden zu sein, stand ihnen ins Gesicht geschrieben. Ihn starrten vier Angst geweitete Augen zweier reglos hockenden Knaben an. Der Tod hing wie eine schwarze Wolke über ihnen und sie hatten keine Hoffnung. Der Dschihadist ließ seine Maschinenpistole sinken. Die Zeit schien für eine Weile still zu stehen und alles Geschehen gefroren zu sein. Dann lächelte der Dschihadist. Seine Augen bekamen einen weichen Ausdruck. Er nickte mit dem Kopf, als ob er ihre Verfasstheit verstünde. Er legte den Zeigefinger der rechten Hand auf seinen Mund und bedeutete damit: Schweigt, seid

ruhig. Er selbst raunte leise mit schwerer Zunge in holpriger arabischer Sprache:
„Hier bleiben bis Nacht, dann Tigris aufwärts, immer aufwärts."
Er warf seinen gefüllten Verpflegungsbeutel den Jungen zu, ließ die Zweige fallen, entfernte sich wenige Meter und rief mit lauter Stimme:
„Hier in Ordnung, keine Feinde!"
Jakob war vierzehn Jahre alt. Er betrachtete Josua als seinen Schützling und erreichte mit ihm nach langer Odyssee Schweden.
Die Islamisten befahlen den Einwohnern, die Flussböschung bis zum Flussrand hinab zu gehen. Der Priester des Dorfes begann, das Vaterunser zu beten. Die Dörfler nahmen seine Worte auf und schickten das Gebet laut in den abendlichen Himmel. Da schossen die Islamisten wutentbrannt auf die wehrlosen Menschen, grölten dabei Allah akbar und wetteiferten, wer die meisten Ungläubigen hinrichtet. Einige Opfer fielen, von Kugeln durchsiebt, direkt in den Fluss. Andere sprangen in die Fluten, einige entkamen dabei dem Massaker, andere wurden beim Flucht-

versuch gezielt erschossen. Tödlich Verletzte erhielten den Gnadenschuss und wurden wie die Leichen vom Uferrand aus in den Strom geworfen. Die Toten, durchlöchert und zerfetzt, trieben im stillen Mondeslicht langsam Strom abwärts und färbten mit ihrem Blut das Wasser.

Judith wurde Tag für Tag vom Kommandeur geschändet. Sie ertrug es scheinbar billigend. Ihr Peiniger war in ihre Anmut und ihre Ausstrahlung verliebt. Er machte sich Judith zu dem, was er sich wünschte und merkte nicht, dass er Nacht für Nacht eine Mumie in den Armen hielt. Judiths Gedanken kreisten ständig und unabweisbar um die historische Gestalt der Judith. Sie las in aller Heimlichkeit immer wieder das Kapitel 13 aus dem Buche Judith, einer jungen und schönen Witwe, die die Kinder Israels mit List, Mut und Klugheit vor der Sklaverei des Königs Nebukadnezars bewahrt hatte, indem sie dessen General Holofernes verführte und nachts im Schlafe tötete. Judith saugte die Bibelgeschichte Wort für Wort in sich auf und wiederholte den auswendig gelernten Text immer wieder:

„Da es nun sehr spät ward, gingen seine Diener hinweg in ihre Gezelte; und sie waren allesamt trunken; und Judith war allein bei ihm in der Kammer. Holofernes aber war auf sein Bett hingefallen und schlief, denn er war ganz trunken. Und Judith trat vor das Bett und betete heimlich mit Tränen und sprach: Herr, Gott Israels, stärke mich und hilf mir gnädig das Werk vollbringen, das ich mit ganzem Vertrauen auf dich habe vorgenommen. Nach solchem Gebet trat sie zu den Säulen oben am Bett und langte nach dem Schwert, das daran hing und zog es aus und ergriff ihn beim Schopf und sprach abermals: „Herr Gott, stärke mich in dieser Stunde. Und sie hieb zweimal in den Hals mit aller Macht und schnitt ihm den Kopf ab..."

Das aramäische Dorf bestand aus sieben Häusern und wurde zum Stützpunkt der islamistischen Armee ausgebaut, von dem aus die umliegende Region erobert werden sollte. Noah wurde als Fahrer des Kommandeurs eingesetzt. Er war auf diese Weise ständig überwacht, anderseits immer frühzeitig informiert, welchen Einsatz die Dschihadisten planten und vorbereiteten. Über einen zehnjährigen Knaben war es ihm möglich, die vorgesehenen Dörfer vor den Überfällen zu warnen. Die stationierte islamistische Kampfgruppe bestand aus 24 Soldaten, die im Hause der Familie Athra untergebracht war. Der Kommandeur hatte sich mit Judith in einem Nachbarhaus einquartiert und dort auch die Befehlszentrale eingerichtet.

Der Kommandeur wusste nicht, dass Noah und Judith Geschwister waren. Beide begegneten sich öfter und taten, als seien sie sich fremd. Gelegentlich konnten sie ungestört miteinander sprechen. Noah schaute sie dann an, las in ihrer Seele und litt mit ihr.

„Warte noch, unsere Zeit kommt."

Sie brach ihm das Herz:

„Worauf warten? In der Nacht erwacht seine tierische Begierde. Er stinkt aus dem Maul und alles an ihm ist widerlich und faul. Ich kann nicht mehr weinen, ich kann nicht mehr beten, ich kann nur noch fluchen. Ich werde in meinem Leben nie lieben können, nur noch hassen."

Nach solchen Worten musterte er sie mit

traurigem Blick und nahm sie in seine Arme. Er hörte ihren schweren Atem und ihren schnellen Herzschlag.
Er flüsterte ihr ins Ohr:
„Ich finde einen Weg, ich finde einen Weg."
Und kannte keinen Weg aus dieser Situation.
Judith schlief in den Nächten nur wenig. In Gedanken malte sie sich ständig aus, wie sie ihren Peiniger quält, martert , tötet. Bei ihren Vorstellungen empfand sie befreiende Genugtuung und hoffte insgeheim auf ein Wunder. Wenn der Tag anbrach, bereute sie ihre Rachefantasien und betete:
„ Heilige Maria, vergib mir meine Schuld, dass ich bereit war, Gleiches mit Gleichem zu vergelten. Heilige Maria, hilf mir aus meiner Not, hilf mir, dieser Bestie zu entkommen."
Als sich die Geschwister wieder heimlich trafen, teilte Judith ihren Entschluss mit:
„Ich werde ihn töten. Er hat mich geschwängert. Das Kind soll leben, ich werde es christlich erziehen und es soll ein Diener Gottes werden. Er aber muss sterben und mit ihm sein Hassglaube."
Noah erschrak über ihre Entschlossenheit. Er

überlegte fieberhaft und fragte nach, um Zeit zu gewinnen:

„Dein Entschluss kommt so plötzlich. Was hat den Ausschlag gegeben?"

„Ich habe in der Heiligen Schrift gefunden, wonach ich lange gesucht habe. In der Offenbarung des Johannes heißt es: Ihre Plagen werden auf einen Tag kommen. Tod, Leid und Hunger. Mit Feuer werden sie verbrannt werden, denn stark ist Gott der Herr, der sie richten wird!"

Noah begriff, die Zeit des Leidens war zu Ende, die Zeit des Handelns war gekommen.

„Ich habe einen Plan. In drei Tagen habe ich nächtlichen Wachdienst. Gedulde dich bis dahin. Teile an diesem Abend dem Satan mit, dass du ein Kind von ihm erwartest. Er wird feiern wollen. Ich besorge dir ein Schlafmittel, schütte es abends unbemerkt in seinen Tee. Wenn er schläft, vollende das Werk mit seiner Pistole. In dieser Nacht soll er sterben und mit ihm seine Soldaten."

Am Abend des dritten Tages erwartete Judith den Löwen. Aufrecht, stolz in voller Blüte. Mit lockigen Haaren, lachenden Augen, durch-

sichtigem Kleid, das den schlanken Leib und den geteilten Busen mit den Rosenknospen durchscheinen ließ. Sie küsste ihn sinnberauschend, sinnbetörend mit aufgeworfenen Lippen. Welch locken, welch reizen, welch verführen. Und dann gestand Judith verschämt ihrem Herrn, dass sie ihm ein Kind schenken werde. Der Kommandeur umfasste sie, drückte sie an sich und wirbelte sie vor Freude um sich.
„Du Begnadete, ich liebe dich. Du bist keine Sklavin mehr, ich werde dich zu meiner zweiten Frau nehmen. Der Koran erlaubt es mir, eine Christin zu ehelichen."
Er wollte sie gleich lieben. Sie stieß ihn schäkernd zurück:
„Nein, nein, alles zu seiner Zeit. Erst das Freudenmahl, dann die Liebe."
Zwei Tage später waren die Vorbereitungen für das Fest beendet. Zum Essen hatte der Kommandeur den Regionalkommandeur mit drei Unterführern, den zuständigen Imman, zwei Verwaltungsräte und einen Verbindungsoffizier der türkischen Armee mit ihren Frauen eingeladen. Die Frauen waren mit festlichen

Hidschabs bekleidet, Judith mit einer Burka. Haydar war über ihre Totalverschleierung hoch erfreut, er deutete es als Bekenntnis von Judith zum Islam. Judith wollte damit ihren Hass und ihre Abscheu gegen die versammelte Mörderbande verbergen. Sie fürchtete, dass ihre wahren Gefühle sichtbar werden könnten. Insgeheim dankte sie Gott, dass sie keinem der Männer die Hand zu geben brauchte. Haydar begrüßte seine Gäste mit einer kurzen Rede:
„Im Namen Allahs, des Allbarmherzigen. Bei der Sonne und ihrem Strahlenkranz und bei dem Mond, der ihr folgt und bei dem Tag, wenn er sie in ihrer Pracht zeigt, und bei der Nacht, die sie bedeckt und bei dem Himmel und dem, der ihn gebaut hat: Glücklich ist, wer sich läutert. Und diesen Tag bezeugen wir heute. Meine Frau hat sich zur Wahrheit des einzig wahren und herrlichsten Glaubens bekannt, ihre Seele geläutert und wird als Pfand ihrer Umkehr mir ein Kind schenken. Sie hat sich losgelöst von jenen, die ob ihrer Sünden vom Herrn vertilgt und bestraft worden sind. Sie wird fortan mit mir den Weg der Glückseligkeit gehen, das wollen wir heute

feiern."

Die Gäste gratulierten Haydar und Judith. Als Vorspeise wurde Granatapfelsuppe mit Fleischklößchen, als Hauptspeise gekochtes, dann gegrilltes und mit Reis, Hackfleisch und Gewürzen gefülltes Lamm neben Masgouf, einem Fisch aus dem Tigris, und als Nachtisch Rhabarberkuchen mit Quarkcreme serviert. Die Frauen hatten sich sehr bald in ein anderes Zimmer zurück gezogen, wie es sich ziemt. Hier wurden beim guten Essen lebhaft Familienprobleme besprochen, dort Probleme von Strategie und Taktik der Kriegsführung. Zu später Stunde verließen die Geladenen gesättigt und zufrieden und mit guten Wünschen für die Zukunft das gastliche Haus. Haydar schloss die Türen ab, Judith legte die Burka ab, umarmte ihn:

„Wie versprochen, jetzt die Liebe." Sie reichte ihm ein Glas Tee:

„Trink, es ist ein altes Hausmittel. Etwas bitter, aber es stärkt die Manneskraft für viele Ritte."

Haydar war begierig und hatte alle Vorsicht verloren. Er trank mit einem Zug das Glas leer. Sie zerrte ihn sofort wie hitzig und ungestüm

ins Schlafgemach. Er hatte den Raum kaum betreten, klagte er über Schwindel, Gehstörungen und Übelkeit. Er legte sich zu Bett und murmelte:
„Ich habe wohl zu viel gegessen."
Und fiel in einen tiefen Schlaf.
Noah war mit einem zweiten Islamisten für die erste Wache eingeteilt. Als die Soldaten schliefen, erklärte er dem zweiten Wachhabenden, dass es zu ihren Aufgaben gehöre, für das morgige Unternehmen Waffen und Munition bereit zu stellen. Befohlen sei, die Abstellkammer der Soldatenunterkunft im Hause Athra mit Munition, Granaten und Landminen als Munitionslager her zu richten. Noah und sein Kamerad schleppten die explosiven Stoffe in den Raum, verschlossen die Tür sorgfältig und einigten sich, abwechselnd davor zu wachen. Der Islamist bezog als erster den Posten. Noah lief auf die Rückseite des Hauses, zog die Reißschnur einer Handgranate und schleuderte sie durch das Luftloch in das Munitionslager. Er rannte um sein Leben in das nächst liegende Feld, zählte bis zehn und warf sich in eine

Erdvertiefung. Mit ungeheurer Wucht und einem gewaltigen Knall wurde das Haus in die Höhe geschleudert und in kleinste Stücke zerrissen. Noah blieb unverletzt, die 24 Gotteskrieger wurden im Schlafe Märtyrer.

Die Detonation schreckte den Kommandeur aus dem Schlaf. Noch benommen sah er im schwachen Kerzenlicht Judith vor sich stehen. Sie hielt ihm die Pistole vor den Kopf. Er stammelte:

„Nein, nein, nein!"

Schweiß perlte ihm übers Gesicht, seine Augen waren vor Schreck geweitet. Er winselte:

„Ich habe dich verschont, lass mich leben, bitte. Ich gebe dich frei!"

Judith schwieg, sie zögerte den Tötungsakt bewusst hinaus. Sie konnte ihre Genugtuung nicht verhehlen, ihre Augen strahlten im Triumph. Dann drückte sie ab. Vor jedem Schuss stieß sie hervor:

Vater - Mutter - Oma - Josua - Esther - Priester - Dorfbewohner.

Sie schoss das Magazin leer und verließ das Haus mit ruhigen Schritten. Sie schaute zum brennenden und qualmenden Trümmerhaufen, wo zuvor noch das Elternhaus stand. Dann bekreuzigte sie sich und rief so laut sie konnte, die beschwörenden Worte der historischen Judith:

„Der Herr lebt, er hat mich durch seine Engel behütet, dass ich nicht verunreinigt worden bin und ohne Sünde. Darum danke ich ihm, denn er ist gütig und hilft immerdar."

Jemand umarmte sie und hielt sie fest. An der Körpergröße und dem kleinen Buckel erkannte sie, dass es Noah war.

Die restlichen Einwohner des Dorfes strömten zum Hause des Kommandeurs und diskutierten, was geschehen sei. Noah forderte zur Ruhe auf:

„ Ich habe die Islamisten in die Luft gesprengt. Sie werden uns nicht mehr umbringen und versklaven. Aber es werden Hunderte von ihnen in unsere Dörfer einfallen und grausame Rache nehmen. Ich werde in ein unbestimmtes Land und in eine unbestimmte Zukunft fliehen. Wer mit mir gehen will, der folge mir. Packt die nötigste Habe zusammen, vergesst nicht den Proviant, feste Kleidung und festes

Schuhwerk. Wir marschieren Richtung Türkei in der Hoffnung, dort von unseren aramäischen Brüdern Hilfe und Unterstützung zu erhalten. In einer Stunde brechen wir auf." Von den verbliebenen Einwohnern entschieden sich alle für die Flucht. Es waren insgesamt 82 Menschen. So zog ein kleiner Treck Richtung Norden, Bewohner anderer Dörfer schlossen sich an, zurück blieb eine von Menschen fast entleerte Region. Der Flüchtlingszug setzte sich aus Kindern, Heranwachsenden, jungen und älteren Erwachsenen, aus Männern und Frauen, Starken und Schwachen zusammen. Die Habe des Einzelnen bestand aus dem, was er am Leibe trug und was er zu tragen vermochte.

Die Kolonne zog vom bergigen Land ins Gebirge, die Anforderungen an körperlicher Durchhaltekraft nahmen zu und überforderten so manchen. Die Stärksten schritten zügig voran, die Schwächsten schleppten sich mühselig hinterher. Der Flüchtlingszug fiel auseinander und dehnte sich schließlich über eine Strecke von über einen Kilometer. Ziel der Flüchtlinge waren die östlichen türkischen

Städte Midyat, Nuray oder Idil, wo vor Jahrzehnten sich Aramäer niedergelassen hatten. Bis zur türkischen Grenze waren es etwa 140 km, das bedeutete sechs Tage Fußmarsch. Nach zwei Tage gingen wichtige Nahrungsmittel zu Ende wie Milch für die Kinder. Die Flüchtigen stahlen von den Feldern Obst und Gemüse. Man passierte schiitische und kurdische Dörfer. Wer kein Geld oder Schmuck besaß, bettelte. Die Aramäer zogen sich den Ruf zu, Gesindel, Diebe und Verbrecher zu sein, wurden abgewiesen, beschimpft oder gar körperlich misshandelt. Keiner erbarmte sich ihrer.

Noah wuchs in dieser Situation zum charismatischen Führer heran. Er verstand es, mit Visionen, Bibelzitaten und Notlügen den Verzweifelten Mut, den Erschöpften Kraft und den Verzagten Hoffnung zuzusprechen. Freudig bewegt teilte er ihnen mit:

„Ich habe eine wundervolle Nachricht erhalten. Die Mönche aus dem Kloster Mor Gabriel erwarten uns. Man hat Geld gesammelt, wer will, kann nach Deutschland, Schweden oder Kanada ausreisen. Die Fi-

nanzierung ist gesichert, in diesen Ländern heißt man uns willkommen. Wohnung und Arbeit sind dort vorhanden. Wir können dort in Ruhe und Frieden leben, sind freie Menschen, frei von Verfolgung und Ächtung. " Den Zweifelnden hielt er vor:
„Wer die Zweifel am eigenen Glauben nicht kennt, kennt auch nicht die Gewissheit des Glaubens. Es ist bezeugt: Das Volk Israel zweifelte und verzagte und doch hat Gott es aus der Gefangenschaft Ägyptens geführt. Gott wird uns aus dem Schlachthaus der Islamisten retten. Lasst euch nicht durch Angst und Schrecken lähmen. Heute Nacht hatte ich eine Erscheinung. Wir alle betraten ein Land voller Wasser, Fruchtbarkeit und grünen Matten. Die Menschen lachten und tanzten und wir bewunderten ihre Kirchen. Sie ließen uns nach unserem Ritus beten, ließen uns fasten und unsere Kinder taufen. Ihr Oberhirte empfing uns. Er sprach: Brüder in Christo, ihr bewahrt die Sprache Jesu. Lehrt uns, sein Denken in unserer Welt zu erneuern und unsere Spaltung von Glaube und Sein zu überbrücken. So saßen wir beisammen, teilten

das Brot und fühlten uns aufgenommen wie in einer großen Familie."

Judith nahm ihn beiseite:

„Frosch, wie lieblich klingen Deine Worte. Fürchtest du dich nicht? Die Menschen werden enttäuscht sein, wenn sie in der Fremde wie unerwünschte Kostgänger behandelt werden. Wäre es nicht besser, sie auf diese Wirklichkeit vor zu bereiten?"

„Nein Judith, die sichtbare Wirklichkeit mag anders sein. Hinter dieser Wirklichkeit verbirgt sich die alleinige Wahrheit. Und die lässt sich nur mit Fantasie vermitteln. Unser Volk ist tiefer gefallen, als je in die Höhe gestiegen. Der Tod lauert auf uns. Das spüren die meisten von uns. Was willst du den entmutigten Seelen singen? Ein Sterbelied? Nein, ich schaue in das Auge des Lichts und verschenke meine Zuversicht wie der Sänger sein Glück, wenn er sein Liebeslied vorträgt. Die Islamisten morden und legen die Todesangst wie einen vergifteten Köder aus. Sie lauern, dass wir diesen Fraß schlucken und uns selbst zu Leichnamen machen.

Wahrscheinlich haben sie Recht, denn nach

aller menschlicher Berechnung werden sie siegen. Aber was ist das Wesentliche unseres Glaubens? Wir glauben, dass durch Gott alles möglich ist. Solange wir glauben und Hoffnungsbilder in uns tragen und seien sie scheinbar noch so irreal, haben wir nicht aufgegeben."

Judith wusste dem Bruder nicht zu antworten und bewunderte insgeheim seine spirituelle Kraft. Die eigene Spiritualität konnte sie nicht denkend erfassen und ausdrücken, sie wurde von ihr gelebt. Sie verteidigte das Leben in seiner Selbstberechtigung mit urgewaltiger Selbstverständlichkeit ohne zu fragen und ohne zu zögern. Sie trug die Kleinsten, stützte die Lahmen, pflegte die Kranken, erquickte mit Wasser die Dürstenden und kaufte vom Familienschatz Nahrungsmittel, die sie an Bedürftige verteilte.

Die zur Schau getragene Selbstsicherheit von Noah täuschte. In der Nacht lag er in Decken gehüllt abseits der Gruppe und schaute auf das matte Licht der Sterne. Sein Gedächtnis brachte ihm Erinnerungen. Kawtar. Bei dem Gedanken an sie, begann sein Herz schneller zu schlagen. Er sah, wie sie damals den Kopf zu ihm drehte und ihn mit ihren schwarzen Augen keck, auffordernd und abweisend reizte. Wie gern hätte er sie geküsst. Es war ein berauschender Moment, der allzu schnell verflog. Er wurde sich seiner missratenen Gestalt bewusst. Und entfernte sich verletzt. Das war nicht das Schlimmste. Schlimmer war, dass die Mädchen sich nicht mit ihm wie mit anderen Jungen unterhielten, ihm keine Beachtung schenkten, seine zaghaften Artigkeiten nicht bemerkten und seine Poesie nur belächelten. Die gleichaltrigen Jungen schauten auf ihn herab, mieden ihn und witzelten über ihn. Er litt unsäglich, bis er seine menschliche Wahrheit annehmen konnte: Ich bin ein Ausgesetzter und werde es bleiben. Er flüchtete sich in eine magische Welt, baute sich Märchenschlösser, sammelte Kostbarkeiten seines Denkens in einer Schatzkammer der Ideen und hatte die groteske Vorstellung, dass er, als gefesselter Riese befreit, eines Tages als strahlender Held die Morgenröte eines neuen Tages verkünden werde. In der gegenwärtigen Situation schien sich seine erhoffte Bestimmung zu bewahrheiten. Er war der Mann, der die Gefühle und Gedanken vieler Menschen aussprach, sie mit Wortgewalt lenkte und aus der Fron in ein neues Kanaan führte. So sehr ihm das zeitweilig schmeichelte, so oft zweifelte er, der auserwählte Fährmann der Hoffenden für eine Zukunft zu sein, die auch für ihn im Dunkel lag. Sein Wissen, dass die Gegenwart stets mit der Zukunft schwanger geht, machte ihm Angst. Was konnte aus des Tages Schrecken schon geboren werden, wenn nicht neuer Hass, neue Gewalt und Rache. In solche Nöte verstrickt, sehnte er sich nach den vergangenen Zeiten, in denen er mit den Vögeln sang, sich mit den Bäumen unterhielt, Blumen liebkoste, die Erde küsste und er dem Wind auftrug, seine Botschaft in alle Welt zu verbreiten: Nur Liebe zeugt Weisheit und Frieden.

Zehige, eine junge, alleinstehende Frau, war mit ihren zwei- und vierjährigen Kindern weit hinter dem Tross zurückgeblieben. Ihre Kinder hatten sich die Füße blutig gescheuert, waren entkräftet und konnten nicht mehr laufen. Die

Kleinfamilie hatte sich in den Schatten eines Felsens niedergelassen. Judith vermisste sie, entdeckte sie und lief zu ihnen. Sie reinigte, salbte und verband die Füße der Kinder. Und war ratlos. Was nun? Die Sonne stach erbarmungslos, der Treck war außerhalb der Sichtweite entschwunden. Judith entschied, bis zum Abend zu warten, um dann zu versuchen, den Flüchtlingszug einzuholen. Die Frauen dämmerten vor sich hin, als vor ihnen ein Jeep hielt. Zwei jüngere und ein älterer Gotteskrieger entstiegen dem Fahrzeug. Die jungen Frauen waren auf alles gefasst, als sie von den Dschihadisten Beute lüstern taxiert wurden und einer von ihnen Judith aufforderte:

„Komm, wir gehen spazieren."

Judith blickte zum Truppführer auf. Ihre Augen fanden sich und redeten mit einander. Der Truppführer brach das Schweigen und zitierte die Eingangsworte aus dem 107. Psalter:

„Danket dem Herrn, denn er ist freundlich und seine Güte währet ewiglich, die zu ihm rufen in ihrer Not. Er hilft ihnen aus ihren Ängsten."

Aus der zweiten Sure des Korans fügte er hinzu:
„Vergießt kein Blut, vertreibt niemand aus seinem Haus. Wer solches tut, den wird in diesem Leben Schande treffen und die härteste Strafe am Tage des Gerichts."
Nach kurzer Pause:
„Bleibt hier und ruht euch aus. Habt Vertrauen, ich komme wieder und Allah wird bei uns allen sein."
Er befahl seinen Untergebenen aufzusitzen und fuhr davon. Es dunkelte bereits, als er mit dem Jeep wieder erschien. Er lächelte und wies auf einen Handwagen, der auf den Rücksitzen des Autos aufgebockt war und entschuldigte sich verlegen:
„Es ist spät geworden. Sie glauben nicht, wie schwierig es ist, ein solches Gefährt aufzutreiben. Nehmt es, es wird euch von Nutzen sein."
Er hob die verschüchterten Kinder in den Jeep und forderte die Frauen auf einzusteigen. Seine beiden Begleiter schauten irritiert und Kopf schüttelnd seinem Treiben zu, enthielten sich aber kritischer Kommentare. Nach einer

halben Stunde Fahrt erreichte diese merkwürdige Schar den Treck, der bereits im Freien sein Lager aufgeschlagen hatte. Der Truppführer grüßte mit einer leichten Kopfverneigung, entließ seine Bagage freundlich lächelnd und fuhr davon.
Noah hatte das Erscheinen der Zurückgebliebenen wahrgenommen. Er schnauzte seine Schwester an:
„Wo kommst du her?"
Sie entgegnete gereizt:
„Wir fielen vom Mond herab."
„Du hast dich einem Mörder anvertraut."
„Nein, einem Engel, er wurde von Gott gesandt."
„Spotte nicht!"
„Ich spotte nicht, Bruder. Als er kam, sah ich zwei Schatten von ihm. Einen lichten und einen dunklen. Ich habe mit dem lichten gesprochen. Es bedurfte keiner Worte. Es legte sich eine göttliche Aura um uns. Hast du nicht selbst gesagt, dass der Glaube das menschlich Unmögliche möglich macht und sich Hoffnung als Wunder verwirklicht?"
Die Auseinandersetzung der Geschwister

wurde unterbrochen. Zwei Frauen zerrten Judith zu einem alten Bauern aus der ehemaligen Nachbarschaft, der mit Schüttelfrost auf der nackten Erde lag. Er lallte Unverständliches und war benommen. Die bestürzten Angehörigen wussten sich keinen Rat. Judith packte den Bauern in warme Decken und erkannte, dass er im Sterben lag. Die Weiber jammerten:

„Er wird sterben und wir haben keinen Priester. Wie soll er nur vor Gott treten."

Judith beugte sich über den Sterbenden, der zu sich kam und stammelte:

„Ich gehe von euch. Ich habe im Leben oft gesündigt, Gott verzeihe mir und führe mich mit meiner Frau und meinen Kindern dereinst zusammen. Gebt mir die letzte Ölung, erweist mir diesen Liebesdienst." Judith überlegte nicht lange.

„Holt Öl und einen kleinen Zweig."

Sie kniete nieder und betete zu Gott, das Heilige Sakrament vollziehen zu dürfen. Und sprach dann, wie es ihr in den Sinn kam und wie sie fühlte:

„Der Herr stehe dir mit seinem Erbarmen bei,

der Heilige Geist bemächtige sich deiner, so bist du im Namen Jesu befreit von deinen Sünden. Amen."

Sie tauchte den beigebrachten Zweig ins Öl, berührte damit Stirn, einen Nasenflügel, Wangen, Mund, Brust und Hände des Scheidenden. Sie überreichte den Zweig sechs Nahestehenden, die das Ritual ebenfalls vollzogen und dann gemeinsam das Morgengebet sprachen. Während der heiligen Handlung verspannte sich der Körper des Bauern, er atmete tief ein und aus und verschied. Noch in derselben Nacht legte man ihn mit einem Holzkreuz auf der Brust in ein ausgehobenes Erdloch, schaufelte Erde über ihn und verließ diese traurige Stätte, nur Judith verharrte still an diesem Ort. Wie durch einen Schleier sah sie Bilder vom gewaltsamen Tod des Vaters, der Großmama, der Mutter und der jüngsten Geschwister, Bilder, die bislang bei ihr ausgelöscht und ihr nicht zugänglich waren. Ihrer Brust entrang sich ein Schrei voller Wut und Verzweiflung:

„Gott, warum lebe ich noch? Was haben wir dir angetan, dass du uns so bestrafst. Wo sind

deine Liebe und Barmherzigkeit hier auf Erden, wo ist dein Schutz und dein Schild? Alles nur Worte, nichts als Worte."
Sie blieb in der dunklen Nacht ungehört, kehrte voll Bitternis zu den Ihren zurück und traf Noah:
„Schwester, deine Augen sind trüb und halb gebrochen. Verzage nicht. Die Rotte jagt uns, es gibt nur den Tod oder das Leben. Komm, du bist müde, sammle neue Kraft im Schlaf. Nur noch drei Tage, dann ist es geschafft."
Er bettete sie behutsam in Decken, legte sich zu ihr und nahm sie in seine Arme. Sie träumte und schreckliche Bilder überwältigten sie. Abgeschlagene Köpfe, schmerzverzerrte Gesichter, leblose Augen, hämische Fratzen. Sie erkannte Noah mit hochgerissenen Armen und einem lautlosen Todesschrei auf den Lippen, wie er Stück für Stück in die Tiefe sinkt. Judith schlug um sich, wollte verzweifelt dem Alb entfliehen und entkam nicht aus eigener Kraft der gespenstischen Unterwelt. Noah rüttelte sie wach.
„Judith, was ist?"
Judith hüllte sich in Schweigen, weil sie selbst

ihrem vertrautesten Menschen gegenüber nicht ihre all gegenwärtige Lebensangst zu bekennen vermochte, die Schwermut, die Melancholie, die Todessehnsucht.

Die letzten Tage auf irakischem Boden waren die schwersten. Die Wege wurden steiler, die Körper der Gejagten waren ausgelaugt. Man befand sich im Kampfgebiet und die Furcht, von den Salafisten überrascht zu werden, war groß. Selbst junge und kräftige Männer kamen auf den Gebirgspfaden nur mühsam voran. Manche fragten sich, ob sie mit der Entscheidung zu flüchten, die richtige Wahl getroffen hätten. Man begegneten bewaffneten Kurden, die in den Kampf zogen und sie aufforderten, sich ihnen anzuschließen:

„Kämpft mit uns, verteidigt euch und eure Heimat. Lasst eure Frauen und Kinder nicht im Stich."

Die Aramäer wehrten ab und Häme wurde über sie gegossen:

„Oh ja, das Spiel von Unterdrückung und Verfolgung tut gut, so gut. Es sollen andere ihr Leben für euch lassen, ihr wollt Opfer und nicht Kämpfer sein. Das ist gerecht und Gott gefällig."

Kurz vor der türkischen Grenze stieß der Treck auf Gesandte des Patriarchen.

„Gott sei mit euch. Der Vater hat uns geschickt, euch brüderlich beizustehen. Ihr sollt wissen, ihr seid in der Türkei nicht willkommen. Die Grenzen sind offiziell geschlossen, wir werden euch in kleinen Gruppen über die Grenze bringen. Die Türkei ist ein islamisches Land. Wir sind nicht nur Ungläubige, sondern seit Jahrzehnten für sie Verräter. Sie haben uns in den Jahren 1915 bis 1917 zu Tausenden umgebracht. Wir Christen sind Bürger zweiter Klasse. Viele von uns sind deshalb ausgewandert und wandern noch immer aus. Die Zahl der Aramäer in der Türkei ist geschrumpft. Ihr werdet bei aramäischen Familien provisorisch untergebracht. Unsere kirchliche Emigrationszentrale wird euch möglichst zügig in eine Diaspora nach Deutschland, Schweden oder Kanada vermitteln. Dort wird man euch mit offenen Armen empfangen. Wer von euch noch Geld, Gold oder Schmuck besitzt, kann mit einer problemlosen Ausreise rechnen. Wer kein

Geld hat, muss warten, bis die Emigrationszentrale so viel Geldspenden erhalten hat, dass sie die Kosten der Ausreise übernehmen kann. Verhaltet euch in den türkischen Städten ruhig und besonnen, gebt keinen Anlass für Pogrome."

Die Ansprache des Gesandten wirkte auf die Flüchtlinge niederschmetternd. Sie verstanden, dass neue Lasten und Schwierigkeiten auf sie zu kommen würden. Gesprächsgruppen bildeten sich.

„Lasst uns in die Heimat zurückkehren. Was treibt uns eigentlich in die Ungewissheit? Wir können zum Sunnitentum konvertieren und unseren Glauben im Herzen bewahren. Dann werden die Salafisten mit uns Frieden schließen und wir unser Leben leben können."

Empörte Zwischenrufe:

„Nein, sie werden nicht verzeihen und sich dafür rächen, dass Noah viele von ihnen getötet und Judith ihren Hauptmann erschossen hat."

„Es sind Mörder und sie werden weiter morden, weil es ihr Lebensinhalt geworden ist."

„Ihr Kleingläubigen, Gott hat das Volk Israel durch die Wüste und durch das Rote Meer unbeschadet geführt. Und ihr wollt bei der ersten Prüfung aufgeben! Gott wird uns nicht verlassen, bleibt stark im Glauben! "

„Wer hat uns eigentlich hierhergebracht, wer hat uns dazu überredet? Wer hat sich über uns alle gestellt mit frommen Sprüchen? Hatten wir nicht bereits mit den Salafisten einen Vertrag? Wir sind doch nur geflohen, weil dieser Krüppel seiner gerechten Bestrafung entgehen wollte! "

Die Enttäuschten rotteten sich zusammen, zogen als wilde Horde zu Noah und warfen mit Flüchen und Verwünschungen Steine nach Noah. Der lief um sein Leben in die Wildnis und verbarg sich dort. Die aufgebrachten Dörfler diskutierten die ganze Nacht hindurch. Im Morgengrauen hatte sich die Hälfte von ihnen entschieden, heim zu kehren. Sie verabschiedeten sich mit Tränen und folgten dem Rat der Unbelehrbaren.

„Wir liefern uns zwar aus, doch unser guter Wille und unser Bekenntnis zu ihrem Glauben wird die Salafisten umstimmen. Sie wollen

eine bessere Welt, wollen wir das nicht auch?"
Die Heimkehrer fanden ihre Häuser zerstört und die Felder verwüstet vor.
Das Vieh war vertrieben, die Obstbäume waren abgeholzt, die Brunnen vergiftet worden. Weit und breit war keine Menschenseele zu sehen. Noch bevor sie das Ausmaß der Zerstörung begriffen hatten, wurden sie von Gotteskriegern umzingelt und zu einer Senke getrieben. Dort erschlug man sie mit Äxten und schächtete sie wie Schafe. Keiner von ihnen entkam. Die Gotteskrieger wüteten, taub für das Angstgebrüll der Kinder, blind für die entsetzten Augen, ohne Erbarmen für die flehenden Mütter. Blutbesudelt genossen sie ekstatisch ihre Gräueltat und feierten in Verzückung ihren Mordsabbat. Sie warfen die Sterbenden und Toten in die Grube und überhäuften sie mit ein wenig Erde. Das Leichenfeld wogte leicht auf und ab von den zuckenden Körpern der mit dem Tode Ringenden, aus dem Untergrund der Erde drang dumpf und schauerlich das Stöhnen der noch Lebenden.
Judith und Noah hatten sich nicht der Resi-

gnation ergeben. Sie passierten ohne Schwierigkeiten in einer kleinen Gruppe unter Führung eines türkischen Aramäers die Grenze. Sie fuhren mit öffentlichen Verkehrsmitteln ins tiefer im Land gelegenen Nusaybin, einer Kleinstadt, argwöhnisch beäugt und als Flüchtlinge erkannt. Die Stadt wird von Kurden, Türken und Arabern bewohnt. Sie mochten die Flüchtlinge nicht, nur die Aussicht, gute Geschäfte mit ihnen machen zu können, hielt sie zurück, gewalttätig gegen die Eindringlinge zu werden. Judith und Noah fanden Aufnahme bei einer vierköpfigen aramäischen Familie, die die eigene Auswanderung ebenfalls anstrebte.
Der Ehemann verdiente sein Geld als selbstständiger Schuhmacher, brachte mit seiner Tätigkeit aber nicht das Geld für den geplanten Exodus zusammen. Die Familie hauste beengt und stellte den Geschwistern eine kleine Kammer mit zwei Matratzen, Waschschüssel und Wasserkrug gegen geringes Entgelt zur Verfügung. Judith fühlte sich unsicher, litt an Heimweh, spielte zur Ablenkung mit den Kindern des Ehepaars und befreundete sich

allmählich mit Jezige, der Wirtsfrau. Sie war wenig älter als Judith, in ihrem Wesen behutsam, herzlich und feinfühlig. Ohne sich aufzudrängen, konnte sich Judith ihr gegenüber öffnen. Die jungen Frauen fanden durch ähnliche Schicksalswege zu einander und umklammerten sich wie zwei Ertrinkende. Judith berichtete von ihrer Versklavung, ihrer Selbstbefreiung und der Flucht. Jezige offenbarte sich mit ergreifender Wahrhaftigkeit.

„Auch ich frage mich oft, warum hat uns Gott verlassen. Ich rufe ihn an, aber er antwortet nicht. In diesem Land spottet man unser, verhöhnt unseren Glauben und behandelt uns wie Aussätzige.

Ich gehöre zu einer geflüchteten Bauernfamilie. Wir lebten etwa 60 km südlich von hier im Land der Kurden. Die kurdischen Freiheitskämpfer kamen oft in unser Dorf. Sie waren bewaffnet, sie nahmen sich alles, was sie wollten. Auch Frauen und Mädchen. Und irgendwann kamen dann die türkischen Soldaten. Sie behaupteten, dass wir mit den Kurden gemeinsame Sache machen, verhörten uns, schlugen uns, verhafteten uns und forderten von uns Strafgelder. Sie legten den Kurden nahe, vertreibt die Christen, dann bekommt ihr deren Besitz. Mein Großvater verlor einmal die Nerven und schoss mit einer Schrotflinte auf die Freischärler. Sie töteten ihn und meine Großmutter. Unsere Heimat ist ein wunderbares Land, aber wir konnten dort nicht mehr leben. Meine Eltern beschlossen deshalb auszuwandern. Sie hatten dafür kein Geld. Mutter fuhr deshalb allein nach Deutschland, Vater verließ Haus und Hof und siedelte mit uns fünf Kindern nach Nusaybin über. Hier sind die Türken und Kurden durch Gesetze etwas gezähmt, wir haben hier mehr Schutz, auch wenn wir nur eingeschränkte Rechte haben. Ich war zehn Jahre alt, da hat mich mein Vater als Hausmädchen zu einer Christin nach Istanbul verdingt. Er ließ sich meinen Lohn vorab auszahlen und konnte damit nach Deutschland ausreisen. Die Eltern arbeiteten, sparten und holten nach und nach meine Geschwister nach Deutschland. Für mich war die Zeit in Istanbul furchtbar.

Meine Herrin war älter, alleinstehend und

gehbehindert. Sie hatte ständig die Bibel in der Hand und war gar nicht christlich zu mir. Sie drangsalierte mich ständig. Ich war noch ein Kind und sie erwartete, dass ich die Wohnung in Ordnung halte, den Fußboden auf Knien schrubbe, das Essen koche und sie bediene. Sie schimpfte mich ständig aus und schlug mich auch, wenn ich etwas falsch machte. Sie hielt mich wie eine Gefangene, ich durfte die Wohnung nicht verlassen. Mein Heimweh war groß, ich weinte oft und bat sie, mich zu meiner Familie zu lassen. Aber das ging nicht, wir hätten das Geld zurückzahlen müssen. Mit dreizehn Jahre durfte ich nach Hause. Meine Eltern hatten einen älteren Bruder mit vierzehn Jahren mit einer acht Jahre älteren Cousine verheiratet, damit die jüngeren Geschwister von einer volljährigen Person beaufsichtigt sind. Zwischen ihr und mir gab es ständig Streit, sie behandelte mich wie ein Dienstmädchen. Es war wie in Istanbul. Mit vierzehn Jahren beantragte ich einen Pass. Ich sprach beim Amt vor. Ein grauhaariger Beamter wollte viel und immer mehr von mir wissen. Ob ich tatsächlich zu meinen Eltern wolle und ob ich gesund sei. Das müsse er überprüfen. Ich glaubte ihm. Er schaute in meinen Mund, betastete meinen Körper und meine Brüste und nahm mich im Stehen. Es ging sehr schnell, ich habe den Ablauf gar nicht richtig mitbekommen. Er überredete mich, dass wir uns abends in einem bestimmten Hotel treffen sollten, dann könne er viel für meine Ausreisegenehmigung tun. Mir wurde bewusst, dass er ein Schwein ist und mir meine Ehre genommen hatte. Bei der dritten Verabredung lauerte ich ihm vor dem Hotel auf und erstach ihn mit einem Messer. Die Türken gingen von einem Terrorakt der PKK aus, sie ermittelten Schuldige und ich blieb unentdeckt. Judith, wir haben getötet, aber ich bin überzeugt, dass wir frei von Schuld sind. Mein Mann weiß von meiner Vergangenheit nichts. Erführe er es, so fürchte ich, bräche unsere glückliche Ehe auseinander. Mein bisheriges Stillschweigen hat mich sehr belastet. Ich habe dafür nur eine Entschuldigung. Wer mit moralischer Not nicht zu ringen hat, kann auch nicht über moralische Notstände richten."

Judith kam in den siebten Schwangerschaftsmonat. Ihr Zustand ließ sich nicht mehr verheimlichen. Bisher hatte sie komplett verdrängt, dass sie ein Kind in sich trug. Die vertrauliche Offenheit von Jezige schob den letzten Riegel ihres Herzens beiseite:
„Jezige, ich werde in wenigen Wochen ein Kind zur Welt bringen. Ich will dieses Kind nicht. Es ist das Kind eines Mörders, wie du weißt, gezeugt nicht in Liebe, sondern mit Gewalt und gegen meinen Willen. Ein Kind verheißt uns Glück und Liebe, die uns überlebt. Es ist das Beste, was wir schenken können. Das Kind ist ein Teil von mir und zugleich ein selbstständiges Wesen mit eigenem Lebensrecht. Es hat nichts Böses getan. Und doch lehne ich es ab. Ich erwarte es nicht mit Ungeduld und Freude. Wie kann ich da eine gute Mutter werden, liebevoll und beschützend? Ich wollte das nicht Geborene schon öfter mit Pflanzengiften entfernen, hatte bereits den Sud angerührt. Viele Mütter verlieren ihr Kind, doch da ist es der unerforschliche Wille des Allmächtigen. Darf ich die Hand an ein unschuldiges Menschen-

leben legen? Bei diesem Gedanken überfällt mich die Angst vor Gott. Es wäre eine große Sünde. Ich würde deshalb dereinst in der Hölle schmoren und das wäre schlimmer als der Tod. Ich begreife es selber nicht. Mal bin ich fest entschlossen, ihm das Leben zu verweigern, dann gebe ich in letzter Sekunde auf. Es ist derselbe Zustand wie in der Sklaverei. Ich bin schlaflos und nervös, meine Gedanken laufen durch einander, spielen verrückt und ich weiß nicht, was ich tun soll."

Jezige streichelte die Hand ihrer Freundin. Als die Schlafenszeit kam, erklärte sie ihrem Mann:

„Judith braucht mich. Ich werde sie bis zur Geburt des Kindes beschützen und bis dahin bei ihr schlafen. Du wirst mit Noah unser Schlafzimmer teilen."

Nach zehn Wochen brachte Judith einen kräftigen Jungen ohne Staunen, ohne Entzücken zur Welt. Sie stillte das Kind, versorgte es gut und ließ es auf den Namen Joseph taufen. Ungewollt forschte sie ständig im Gesicht von Joseph und suchte Antwort auf Fragen, die nicht zu beantworten waren. Sie stellte fest, dass er die eisgrauen und eng stehenden Augen seines Erzeugers und das gütige Lächeln seines Großvaters hatte. Dann quälten sie innere Widersprüche.

„Er ist so schön, er ist so süß und doch ein Teil des Schattenreichs. Wird er Menschen foltern und Unrecht tun, das mit Lust und gutem Gewissen? Das kann nicht sein. Wie selig ist im Schlaf sein Lächeln und doch wird das Böse dem Menschen in die Wiege gelegt. Gott schnitze ihn nicht zu totem Holz, leite ihn und mache ihn nicht zum gefräßigen Raubtier wie seinen Erzeuger. Was sage ich ihm, wenn er nach seinem Vater fragt? Die Wahrheit oder eine Legende? Würde er mich verstehen, dass mir meine Freiheit seinen Tod rechtfertigte?"

Die Anforderungen der Situation machten aus Noah eine rational handelnde Persönlichkeit. Er stellte sich der Wirklichkeit und bemühte sich unermüdlich um legale Aus- und Einreisepapiere. Er schrieb die deutsche Botschaft in Ankara an und bat um ein Einreisevisum. Nach drei Monaten wurde ihm mitgeteilt, dass er sich in einem verbündeten und sicheren Land aufhalte und deshalb keinen Anspruch auf Asyl habe. Noah wollte sich nicht abweisen lassen. In einem zweiten Schreiben legte er ausführlich dar, dass er als Christ sowohl im Irak als auch in der Türkei rechtlos sei und Verfolgungen ausgesetzt sei. Die lapidare Antwort war, dass Christen in der Türkei alle Rechte eines Staatsbürgers hätten. Die Geschwister suchten anderweitige Hilfe. Noah kontaktierte eine aramäische Kirchengemeinde in Westfalen, die ihm umgehend Aufnahme und jedwede Unterstützung zusicherte, sobald sie europäischen Boden betreten hätten. Die Geschwister beschlossen, sich von Profis nach Deutschland schleusen zu lassen. Noah setzte sich mit spezialisierten Netzwerken in Verbindung. Er nahm sich dabei viel Zeit. Er wusste, dass man ihn als einfältigen Bauer einordnete und darauf aus war, ihn finanziell zu plündern. Er lockte seine Partner mit Goldmünzen als Bezahlungsmittel, die er vom geretteten Familienschatz noch besaß und die in der inflationären Türkei sehr begehrt waren. Er verhandelte hart und mit Erfolg. Sein Plan war, über Ankara, Istanbul und Ayvalik über die Ägäis nach

Griechenland über zu setzen, wo die Helfer aus Deutschland sie erwarten wollten.

An einem Sonntag betrat Noah Glück strahlend die Kammer. Judith wickelte gerade Joseph. Noah hüpfte von einem Bein zum anderen, drehte sich um seine Achse, tänzelte um seine Schwester und rezitierte mit gnomhafter Dichterpose wie in alter Zeit:

„Leben will sich erhalten, entfalten, gestalten.
Schwester, du kannst frohgemut in die Zukunft
schauen und dem ewigen Weltengang
vertrauen.
Sonnenlicht durchbricht die Dunkelheit,
vertreibt Angst und Schrecken.
Wärmt die Herzen, löscht das Leid,
richtet auf, will Zuversicht neu wecken.
Vögel singen wieder ihre Lieder,
das Land ist bunt geblümt und grün.
Warmer Regen fällt hernieder,
lässt alles Leben frisch erblühen.
Bäume wiegen sich in Himmels Bläue
und immer, immer finden sich aufs Neue
Menschen sich in Treu und Liebe,
hoffen, dass es so ewig bliebe.

Ja, die Erde ist schön, das Leben erfüllt,
wenn ständiges Ringen unsre Sehnsucht stillt.
Nur nicht verzagen, sondern kämpfen, hoffen,
dann steht uns der Garten Eden offen.
Jeder Tag ist Neubeginn - nicht das Ende.
Was danach kommt, legen wir getrost in Gottes Hände."

Nach kurz eingelegter Pause:

„Liebste Judith, für uns beginnt heute ein neues Leben. Alles ist geregelt, alles ist komplett. Wir brechen auf in das gelobte Land. Unsere Brüder und Schwestern in Deutschland erwarten uns, die Verträge mit den Schleusern sind abgeschlossen. Wir fahren in ein uns fremdes, aber christliches Land, dort werden wir uns verwurzeln. Dort sind wir sicher und dem Zugriff der Islamisten entzogen. Mutter Erde ist groß, sie ist die Heimat aller Menschen."
Judith bremste den Höhenflug ihres Bruders:
„Du übst schon wieder das Fliegen. Wie, wenn du zu Tode stürzt? Wenn der große Sprung misslingt?"

„Sei nicht so pessimistisch. Wir sind das Feuer, welches das Wasser nicht scheut. Wir haben die Kraft, unsere Welt neu zu ordnen. Ich werde zur Schule gehen, ich werde Bücher studieren, ich werde Lehrern lauschen und irgendwann selbst ein Diener der Wissenschaft sein. Ich werde Joseph als mein Kind annehmen, ihn zu einen toleranten, aufgeschlossenen und hilfsbereiten Christen erziehen. Und du, liebe Judith, wirst dich zu einer emanzipierten Frau entwickeln. Auch wenn du nicht weißt, was das ist, es ist deine Zukunft."

„Noah, du vergisst, dass wir auf Eingesessene stoßen werden. Sie werden sich ängstigen, dass wir ihnen nehmen, was ihnen gehört. Sie werden sich fürchten, dass wir ihre Ideenwelt beschädigen. Dass wir neue Sitten einführen, dass wir sie aus ihrer Behaglichkeit reißen. Sie werden sich gegen das Fremde und Unbekannte wehren."

„Judith, vergälle meine Freude nicht mit deiner Schwarzmalerei."

„Das will ich nicht. Verzeihe mir. Doch bedenke, kluger Bruder, dass Neid, Habsucht und Gier in allen Menschen wohnen. Das sind die seelischen Schamteile, die wir sorgfältig vor einander verbergen, die jedoch aus dem Hinterhalt unser Handeln lenken. Sollte es in Europa anders sein?"

Die Reise bis Ayvalik dauerte zwei Tage. In der gepflegten Hafenstadt wurden die Geschwister mit Joseph in einem unscheinbaren, aber sauberen Hotel untergebracht. Die Stadt selbst war vollgestopft mit Menschen, die als Flüchtlinge leicht erkennbar waren. Die meisten von ihnen hatten wenig oder kein Geld, lungerten im Freien herum, bettelten oder suchten Arbeit, um mit dem verdienten Geld die Überfahrt nach Lesbos bezahlen zu können.

Die griechische Insel liegt etwa neun Kilometer vom türkischen Festland entfernt im Ägäischen Meer. Es war Mitte Februar. Vom Norden wehte ein herber wird, die Sonne warf kantige Schatten und wärmte kaum. Regen hatte die Erde bräunlich gefärbt, das Meer hatte Äste und Unrat auf den Strand geschwemmt. Noah stand am Fenster und sah einen Mann kommen. Es war der Verbin-

dungsmann des Schlepperkonzerns. Er wies Noah an, warme Kleidung zu besorgen und das Hotel nicht zu verlassen. Die Ägäis sei zurzeit sehr unruhig und habe hohen Wellengang. Sobald sich die Wetterverhältnisse gebessert hätten, würde man ihn und seine Familie zur Überfahrt abholen. Noah betrachtete mit müden Blicken seine Hände und nickte:
"Habe verstanden."
Er ließ sich in einen Sessel fallen, schlief ein und merkte, in tiefster Tiefe war bei ihm noch vieles vergraben. Würde er als blinder Maulwurf sich im Licht des Tages zurecht finden? Von seiner Körperlichkeit befreit, gewahrte er sich selbst auf einen lichtdurchfluteten Raum zuschreiten. Ihn beseelte mit heiterer Gelassenheit die Gewissheit, alsbald seine Bestimmung erfüllt zu haben und dass ihm nur noch kurze Lebenszeit zugemessen sei. Seine zerrissene Seele fand bei diesem Erkenntnisbild den langersehnten Frieden. Als er erwachte, inwendig gesundet, sah er Judith. Sie wurde von Ängsten geschüttelt. Sie kniete vor einer Ikone der Mutter Jesu und betete um Beistand und Schutz. Noah sagte leise:

"Judith, komm zu mir!"
Sie richtete sich auf, er zog sie zu sich, ergriff eine Hand von ihr und drückte sie sanft. Sie beschwor ihn eindringlich mit gepresster Stimme:
„Ich sehe nachts schreckliche Bilder und habe unerträglich grauenhafte Vorahnungen. Wir sind auf dem Meer, es grollt und bedroht uns mit hohen Wogen. Auf einmal herrscht Stille. Das Wasser wird ruhig und glatt wie ein Tisch. Über seine Oberfläche breitet sich ein Tuch aus, ein weißes Tuch, ein Leichentuch. Nirgendwo ist Bewegung, nirgendwo sind Menschen. Ich sehe nur eine unendliche Leere. Noah, traust du diesen Schleppern? Vertraust du ihnen wirklich? Ich spüre, es sind eine andere Art von Dschihadisten. Sie strahlen dieselbe Kälte aus. Noah, mich graust. Können wir nicht zurück?"
„Nein, wir können nicht. Ich habe nur noch drei persische Goldmünzen. Sie sind für die Überfahrt. Auf Lesbos werden wir von Glaubensbrüdern erwartet. Bis jetzt ist alles planmäßig gelaufen, warum sollte der letzte Schritt nicht gelingen? Ich bin bei dir, immer."

Er seufzte und sie bat mit den Augen um Verzeihung:
„Ich will dir nicht alles schwer machen, aber es kommt einfach über mich."
In den Abendstunden des dritten Tages klopfte es an der Tür. Noah öffnete.
Ein schwarzhaariger Mann sagte:
"Kommt, es ist so weit!"
Die Geschwister rafften ihre fertig gepackten Sachen zusammen und folgten dem Boten zu einem Kleinbus, der vor dem Hotel stand. Im Bus saßen bereits neun Erwachsene und acht Kinder unterschiedlichen Alters. Keiner grüßte, die Stimmung war gedrückt. Der Bus fuhr aus der Stadt und hielt nach einer Stunde Fahrt. Der Fahrer rief:
„Steigt aus und folgt mir."
Die Gruppe ging auf einem Pad einen flachen Berghang hinab zum Strand. Joseph weinte. Auf dem Strand lag ein Schlauchboot mit Außenbordmotor, wie man es als Beiboot für Schiffe benutzt. Es hatte drei Sitzbretter. Vor dem Boot standen drei Männer. Die Flüchtlinge versammelten sich um sie.
Elf Erwachsene und neun Kinder. Der Boss

ging von Person zu Person und fragte:
„Hast du das Geld für die Fahrt?"
Noah händigte ihm die vereinbarten drei Goldmünzen aus, der Boss steckte sie wortlos in seine rechte Jackentasche. Nachdem er von allen das Geld eingesammelt hatte, postierte er sich leicht erhöht und gab auf Türkisch Anweisungen:
„Ihr seht, das ist ein Schlauchboot. Es fasst normalerweise neun bis elf Menschen. Ihr seid zwanzig, das ist kein Problem, weil ihr viele Kinder bei euch habt. Das Boot trägt euch mühelos, es ist hochseetüchtig. Es hat einen Benzinmotor mit einem Ruder. Wer von euch kann mit dem Motor umgehen?"
Es meldeten sich zwei Männer.
„Gut, du sitzt hinten beim Motor und du sitzt vorn beim Kompass. Die Nadel muss auf den roten Strich zeigen, der auf dem Kompass angebracht worden ist. Habt ihr das verstanden?"
Die Männer nickten bejahend.
„Gut, ihr fahrt zur griechischen Insel Lesbos. Sie ist von hier etwa fünf Seemeilen entfernt. Dafür braucht ihr zwei Stunden Fahrt. Wenn

ihr auf Lesbos ankommt, sagt nur, Asyl in Deutschland. Das weitere wird sich finden. Jetzt steigt ein."

Zwei Schleuser schoben das Boot ins flache Wasser, die Auswanderer stiegen ein. Der Motor wurde angeworfen und das Boot von den zwei Helfern ins Meer gestoßen. Der Wind blies von Nordost, die Wellen hüpften spielerisch. Der Himmel war von Wolken behangen, die Welt in ein friedliches Grau getaucht. Der ernannte Maschinist gab Gas, das Boot nahm Fahrt auf. Die Insassen machten es sich bequem und begannen, sich leise zu unterhalten. Das Festland war bald nur noch in Umrissen zu sehen und verschwand schließlich ganz im abendlichen Dunst des Horizonts. Noah registrierte für sich drei Afghanen, die verkrampft vor ihm saßen und ein irakisches Ehepaar, das seine Kinder mit Späßchen bei guter Laune hielt.

Nach einer Stunde lockerte sich die Stimmung und die Bootsinsassen begannen, nach Land Ausschau zu halten. Der Wind wurde stärker und schwoll bis zu gelegentlichen Sturmböen an. Die Wellen türmten sich, es begann zu regnen. Eine Frau fragte, wo sich die Schwimmwesten befänden. Man suchte und fand nur eine. Jemand behauptete, sie auf dem türkischen Strand gesehen zu haben.

In der Eile sei wohl vergessen worden, sie mitzunehmen. Man widersprach heftig:

„Nein, es ist der übliche Betrug. Es kostet ja Geld."

Das leichte Boot wurde im zunehmenden wilden Rhythmus der Wellen bergauf und bergab geschaukelt, geschüttelt, geworfen. Die Insassen wurden von der Gischt durchnässt, Wasser schwappte in das Boot. Zwei Kinder mussten sich übergeben, die Kleinsten schrien bei jeder Talfahrt und beim Anblick der anstürmenden Wasserberge angstvoll auf. Ein Mann versuchte vergeblich, sie zu beruhigen:

„Keine Angst, keine Angst, wir haben gleich unser Ziel erreicht, wir sind gleich an Land, nur noch eine halbe Stunde."

Auf einmal begann der Motor zu stottern und setzte nach wenigen Minuten ganz aus. Der Motorwart riss erfolglos mit Wucht und wiederholt das Anwerfseil. Er öffnete den Benzin-

behälter. Er war leer. Der Wart behielt sein Wissen für sich, aber jeder kannte den Befund. Es gab keine Ruder, so trieb der Sturm das Boot vor sich her und die Menschen fühlten sich den Naturgewalten hilflos ausgeliefert. Judith drückte den wimmernden Joseph fest an sich und flüsterte tonlos mit aufgerissenen Augen immer wieder Noah zu:
„Das Meer wird uns verschlingen, es ist unser Untergang."
Der Sturm nahm weiter an Heftigkeit zu. Frauen kreischten, Kinder plärrten und waren nicht zu beruhigen. Das Boot kam wiederholt in eine gefährliche Seitenlage und drohte dabei zu kentern. Das Todesspiel dauerte Stunden. Gegen Morgen ließen die Sturmböen nach, der Wellengang verlor an Ungestüm. Am Horizont wuchs aus dem Meere erst ein Streifen Licht, das etwas Helligkeit verbreitete. Dann färbten sich Teile des Himmels rötlich, die Sonne stieg aus dem Meer, brach die Wolkendecke auf, erstrahlte erst im tiefen Rot und verbreitete schließlich gleißend helle und wärmende Strahlen. Die Schatten der Wolken jagten über das bewegte Wasser. Eine

Frau rief: „Ein Schiff, ein Schiff, ich sehe ein Schiff!"
Sie wies heftig gestikulierend in Richtung der aufgegangenen Sonne. In großer Entfernung zeichneten sich im Strahlenkranz der Sonne die Umrisse eines Schiffes ab. Die Schiffbrüchigen, durchnässt, durchfroren und kraftlos, stießen Freudenschreie aus, lachten, johlten und winkten.
Das Schiff, ein Fischtrawler, näherte sich langsam dem Boot.
„Haben sie uns gesehen? - Nein, er dreht ab. - Doch, er nimmt Kurs auf uns! - Allah akbar, Gott ist groß und allmächtig, wir sind gerettet.- Warum nimmt er nicht mehr Fahrt auf? - Wir brauchen eine Fahne, eine weiße Fahne, sie muss groß sein, damit er uns sieht."
Der Fischkutter hatte das Boot entdeckt. Der Kapitän ließ auf das Boot zusteuern und traf Vorkehrungen, damit die schwierige Übernahme der Flüchtlinge reibungslos gelinge. Sein Schiff hatte sich bis auf fünfzig Meter dem Boot genähert, da hielten es die Bootsinsassen nicht mehr aus. Sie sprangen auf, drängten sich geschlossen einseitig backbord,

rissen die Arme hoch und begrüßten laut jubelnd ihre Retter. Das Boot bekam Übergewicht, eine Welle erfasste es, das Boot überschlug sich und alle Insassen wurden ins kalte Meerwasser geschleudert.

Beim Fallen verlor Judith Joseph. Sie tauchte unmittelbar neben dem Boot auf und konnte das um das Boot gespannte Halteseil ergreifen. Noah wurde von einer Welle an das Boot getragen und konnte sich ebenfalls am Seil festhalten. Er schrie zu Judith:

„Wo ist Joseph, wo ist der Junge?"

Sie hörte ihn nicht oder war zu einer Reaktion nicht fähig.

Noah hielt angestrengt Ausschau und sichtete wenige Meter entfernt Bekleidung auf dem Wasser, die zu Joseph gehörte. Noah konnte nicht schwimmen. Er stieß sich gleichwohl vom Boot ab und ruderte mit Armen und Beinen unkoordiniert und um sich schlagend zu Joseph. Er erreichte ihn, ergriff ihn und hob ihn mit beiden Armen über seinen Kopf in die Höhe. Er brüllte, so laut er konnte:

„Rettet das Kind!"

Keiner vernahm ihn, keiner beachtete seinen

Todeskampf.
Dann ging er unter und mit ihm das Kind. Man sah noch einmal, wie Noah Joseph mit den Händen über die Wasseroberfläche zum Himmel streckte, dann wurde es von Wellen überspült und verschwand im aufgewühlten Meer. Es waren die letzten Eindrücke, die Judith von Noah und ihren Sohn in sich aufnahm. Die griechischen Fischer konnten von den elf Kindern vier und von den neun Erwachsenen sechs vor dem Ertrinkungstod retten.
Judith befand sich unter den Geretteten.
Auf Lesbos irrte Judith mittellos und verwirrt umher. Sie verwahrloste und es schien, dass sich ihre Spur im Nichts verlieren würde. Sie wollte sterben und konnte nicht. Sie nahm drei Tage lang keine Nahrung und keine Flüssigkeit zu sich. Eine Glaubensschwester aus der Diaspora war im Auftrag der Kirchengemeinde nach Lesbos geschickt worden, die Geschwister Athra mit Kind nach Deutschland zu holen. Der Pfarrer ihrer Kirche hatte ihr eingeprägt, keine Mühe und kein Geld zu scheuen, den letzten der Familie Athra

sicheres Geleit zu geben. Die Schwester fahndete verbissen und gab nicht auf. Sie stöberte die verstörte Judith auf und brachte sie in die westfälische Diaspora. Judith wurde liebevoll in der Gemeinde aufgenommen. Sie wohnte zunächst bei entfernten Verwandten, erlernte die deutsche Sprache und fand Trost und Hoffnung im Bibelkreis. Es vergingen Monate, bis sie eines Tages erklärte, sie wolle nun auf eigenen Füßen stehen. Der ortsansässige Medienkonzern stellte sie an, sie mietete sich eine Wohnung und sie konnte wieder lachen. Ihre Verwandtschaft beschwatzte sie zu heiraten. Man redete bei jeder Gelegenheit auf sie ein, es war wie eine Gehirnwäsche. Man präsentierte ihr einen weitläufigen Cousin, aus Dankbarkeit und Pflichtgefühl gab sie nach. Beim Heiligen Sakrament quollen ununterbrochen Tränen aus ihren Augen, es war nicht Freude, die sie rührte, sondern nicht ausgeweinte Trauer, die sie quälte. Ihr Mann Ivan warf ihr noch in der Hochzeitsnacht vor, was sie für eine Frau sei:
„In dir ist kein Leben, du bist wie eine Tote, kalt und steif. "

Sie konnte nicht anders. Wenn er sie berührte, krochen in ihr Erinnerungen hoch, Abscheu und Ekel. Sie biss sich die Lippen blutig, verkrampfte sich und ließ sich wider Willen kreuzigen. Ihr Mann war an sich fleißig und sparsam. Nach vierzehn Monaten brachte sie ein Mädchen zur Welt. Die Schwangerschaft und die Stillzeit nutzte Judith, das Verlangen ihres Mannes nach Intimität mit vorgeschobenen Gründen abzulehnen. Ihre Tochter ließ sie auf den Namen Helen taufen. Sehr bald stellte sich heraus, dass das Kind körperlich und geistig behindert war. Die Pflege des Kindes war Zeit aufwendig und sehr schwierig. Ihr Mann überließ ihr alle Lasten und hielt sich von Helen fern. Er wurde des Lebens überdrüssig und begann zu trinken. Trunken behauptete er, er sei nicht der Vater des Kindes, nannte sie eine Salafistenhure und nahm sie mit Gewalt. Judith arbeitete noch halbtags, er verfügte über ihr Geld. Sein Trinkverhalten steigerte sich, ihm wurde gekündigt, sie wusste oft nicht, wie sie den Lebensunterhalt der Familie bestreiten sollte. Sie verschuldete sich bei Banken und

Geschäften. Als sie herausfand, dass ihr Mann mit anderen Frauen Affären hatte, zog sie kurz entschlossen mit Helen zu den Schwiegereltern. Über ein biologisches Gutachten konnte sie nachweisen, dass ihr Mann der Vater von Helen ist. Nun bestanden die Schwiegereltern darauf, dass sie zu ihrem Ehemann zurückkehre. Er versprach hoch und heilig, eine Arbeit anzunehmen, das Trinken aufzugeben, nicht mehr gewalttätig zu werden und ihr treu zu bleiben. Am Tage ihrer Rückkehr in die eheliche Wohnung empfing er sie mit einem Blumenstrauß, betrank sich abends mit Bier und Wodka, nannte sie ein billiges Flittchen, das mit den Dschihadisten herum gehurt habe und vergewaltigte sie. Als er morgens das Haus verließ, warf sie in fieberhafter Eile ihre und des Kindes Kleidung in einen Koffer. Sie nahm Helen auf den Arm, löschte das Licht und flüchtete aus der Wohnung. Sie rannte zu einer Freundin, die in der Nähe wohnte. Vor der Tür der Freundin verlor sie alle Kräfte. Sie klingelte. Als Martha, ihre Freundin, die Wohnungstür öffnete, sackte sie in sich zusammen. Martha konnte die kleine Helen so eben auffangen, Judith aufrichten und auf einen Stuhl setzen. Da saß sie über Minuten, gekrümmt, kläglich, sprachlos. Nur mit Mühe konnte sie nach einiger Zeit zu ihrem psychisches Gleichgewicht notdürftig wieder finden. Ihre Gedanken waren ungeordnet nebelhaft, sie wiederholte fortlaufend wenige Sätze.

„Er schlägt mich, er missbraucht mich wie Hayra. Das Böse ist überall, bei den Islamisten und bei den Christen. Ich weiß nicht weiter, mir fehlt Noah. Ich möchte bei ihm sein." Martha verstand die Angst und Ausweglosigkeit ihrer Freundin, den Schrei ihrer Verzweiflung und umsorgte sie mit Stille.

Ivan, der Ehemann Judiths, kam nach Mitternacht nach Hause. Er machte Licht, sah die Unordnung und verstand nicht. Er rief nach Judith, aber erhielt keine Antwort. Er sah sich in der Wohnung um und begriff plötzlich alles. Sie hatte ihn endgültig verlassen. Weiß im Gesicht, empört in seinem verletzten Stolz, schleuderte er die Stühle gegen die Wand , warf Geschirr auf die Erde, zerriss die

Gardinen und agierte blindwütig bis zur körperlichen Erschöpfung. Dann ließ er sich mit einer Flasche Wodka auf den Fußboden nieder und schüttete den Alkohol auf ex in sich hinein. Er sah dabei Judith vor sich, wie sie herablassend lächelte. Während sich seine Wut mit jedem Schluck Wodka steigerte, lag sie apathisch in düsterer Traurigkeit auf dem provisorischen Nachtlager, dass ihr Martha bereitet hatte. Sie ertrank in schwermütigen Gefühlen, die wie Krallen ihre verzweifelte Seele umklammert hielten.

Der Todesschnitter ging um. Es war Spätherbst. Die Erde erkaltete, Morgenfröste erwürgten das aufkeimende Leben, die Nächte wurden länger und finsterer. Martha mietete für Judith ein kleines Appartement an. Als sie in ihr neues Zuhause einzog, hatte sie keinen Tisch und keinen Schrank, sie schlief auf einer Matratze, bis die Sozialhilfe sie notdürftig einrichtete. Ihre ganze Lebenskraft galt dem behinderten Kind. Sie wurde darüber welk und kraftlos. Unweit ihrer Unterkunft führte eine Brücke über die Autobahn. Dort sah man sie öfter am Geländer mit Helen auf den Armen vorn übergebeugt stehen. Sie starrte in die Tiefe mit schwarzen Gedanken. Tot oder leben. Die Mitnahme von Helen war für sie selbstverständlich. Wer sollte das behinderte Kind nach ihr lieben, trösten und beschützen? Wer sollte es vor Unbill, Spott und Niedertracht bewahren? Wer ihr Leben lebenswert machen? Sie kannte es aus eigener Erfahrung. Wenn sie am Leben stumm verzweifelte, fragte sie keiner, was sie bewege und worunter sie leide. Sie verlor sich in der Vorstellung, dass nicht Mitleiden und Einfühlsamkeit ihr entgegen gebracht würden, sondern Abwendung und Unverständnis. Sie verkroch sich in ihrer Wohnung, blieb dem Gottesdienst, der Beichte und dem kirchlichen Gesprächskreis fern.

Martha war der einzige Mensch, zu dem sie Kontakte hatte. Eines Tages hielt Martha ihr eine Standpauke.

„Du verkriechst dich in deinem Bau und igelst dich ein. Du musst unter Menschen kommen. Ich hole dich am Sonntag ab, wir gehen zu einer Hochzeitsfeier."

Es war eine moslemische Hochzeit. Die fröhliche Ausgelassenheit der Feiernden steckte Judith an. Sie tanzte und fand einen Kavalier. Er sprach sie nur mit Schwester an, erkundigte sich nach ihren persönlichen Verhältnissen und ihren Lebensweg. Er zeigte Anteilnahme und Empfindsamkeit und verscheuchte damit ihr Misstrauen und ihre Einsilbigkeit. Der Fremde nannte sich Ali, er sei türkischer Kurde und politisch Verfolgter. Er bot ihr unaufdringlich an:
„Schwester, wenn du Geld brauchst, sage es mir, ich kann es dir leihen ohne Zinsen und ohne Rückgabetermin."
Wie zufällig traf Ali sie öfter beim Einkauf, er wiederholte dabei sein Angebot. Judith befand sich in ständiger Geldnot. Ihr Mann hatte auf ihren Namen Kreditgeschäfte getätigt, deren Raten sie vom Sozialgeld bedienen musste. Als Ali ihr wieder einmal finanzielle Hilfe anbot, lieh sie sich von ihm 250 Euro, dann nochmals und nochmals, schließlich schuldete sie ihm 1000 Euro. Nach einem halben Jahr erkundigte er sich, wann sie ihm das Geld zurückzahle. Sie bat um Aufschub. Er lauerte ihr

auf und mahnte sie immer dringlicher. Sein Verhalten ihr gegenüber änderte sich. Er wurde dreister und fordernder und gab ihr am Ende eine Frist von drei Tagen. Sie trug ihm flehentlich vor, dass sie das Geld nicht auftreiben könne und schon gar nicht in drei Tagen. Er konterte:
„Was denkst du dir, soll ich dir das Geld schenken? War ich nicht großzügig und geduldig? Aber ich will dir entgegen kommen. Du schaffst für mich einen Monat lang an oder du fährst dreimal für mich nach Enschede. Dann sind wir quitt."
Sie ohrfeigte ihn und hetzte davon. In den nachfolgenden Tagen sprachen Judith wiederholt fremde Männer an:
„Ist dir dein Leben lieb? Entscheide dich."
„Es geschehen ja so viele Unfälle, man kann nur hoffen, dass es Helen nicht trifft."
„Erinnerst du dich, wie es deiner Familie erging? Ja, Allah bestraft die Ungläubigen auf seine Art."
Judith wusste, wer hinter den Drohungen stand und suchte Schutz bei der Polizei. Sie legte ihre Notlage dar, umständlich und wenig

glaubhaft.

„Wer ist Ali? Wie heißt er mit vollem Namen? Wo wohnt er? Kennen Sie seine Helfer? Haben Sie Zeugen?"

Judith konnte keine Auskunft geben, sie wiederholte aufgewühlt und beschwörend:

„Es sind verkappte Salafisten, glauben Sie mir, ich kenne sie. Sie sammeln Geld für ihre Verbrechen und wir sind weiter ihre Opfer."

Man behandelte sie freundlich und verständnisvoll und blieb doch blind, taub und stumm.

An einem Tag stand Ali auf der Straße unvermittelt vor ihr. In seiner Haltung lagen Härte, Kälte und Feindseligkeit. Sie kannte diese Ausstrahlung nur all zu gut. Sie wurde Schweiß nass, als wäre sie gerade aus dem Wasser gestiegen. Ihr Gesicht war weiß. Sie stand ihm Aug`in Aug`gegen über, ihr war, als ob der Kommandeur sie fixiere. Aus ihrem vor Angst verzerrtem Gesicht blickten ihn tief umrandete Augen an. Sie eröffnete das Gespräch und fragte tonlos :

„Und was hat es mit den Fahrten nach Enschede auf sich?"

Er lachte, schaute hochmütig auf sie herab und

seine Worte klangen ihr wie Hohn und Spott: „Schwester, es ist ganz harmlos. Du bringst uns etwas Haschisch. Das ist nicht schlimm, eine kleine Sache. In Holland kann man das Zeug frei kaufen, bei uns rauchen es die meisten Menschen, im Parlament gibt es viele Abgeordnete, die das Handelsverbot aufheben wollen. Sie stehen auf unserer Seite. Auch wir wollen den Menschen hier die Tür zu einer neuen, schönen und besseren Welt aufstoßen. Vergiss nicht, Deutschland gehört zum Islam und wir sind durchaus bereit, euren Unglauben zu tolerieren, wenn ihr unsere Gesetze einhaltet. Wenn nicht, wird euch die Strafe Allahs treffen."

Judith wusste, dass sie etwas Strafbares tun sollte. Alis Worte gingen ihr durch Mark und Bein. Sie fühlte sich bedroht und hilflos ausgeliefert, war zermürbt und erklärte sich zu den Fahrten bereit. Nach Alis Anweisung fuhr sie mit dem Zug nach Enschede, auf dem Bahnhof empfing sie ein Unbekannter, der sie mit dem Auto zu einem Cafe in die Stadt brachte. Dort hatte sie einige Zeit zu warten. Nach seiner Rückkehr übergab der Unbe-

kannte ihr eine Tasche mit Kleidungsstücken und beruhigte Judith:
„Es ist nichts Schlimmes, unter den Kleidern sind zwei Kilogramm Gras."
Er brachte Judith zum Bahnhof zurück. Sie nahm Platz im Zug und wurde von düsteren Ahnungen überfallen, die sie aus früherer Zeit her kannte. Sie zitterte am ganzen Körper, als stände sie unter hohem Fieber. Als Zollbeamte erschienen und sie befragten, konnte sie nicht sprechen. Man durchsuchte ihre Habe, fand die Drogen, inhaftierte sie und stellte sie vor Gericht. Ali konnte nicht ausfindig gemacht werden, ihre Darstellung der Tatumstände wurde als Schutzbehauptung vom Gericht gewertet. Dass Flüchtlinge eine eigene Staatsgewalt installiert haben, erschien den Richtern weltfremd und mit ihrer Lebenserfahrung unvereinbar. Judith wurde zu einer Freiheitsstrafe von zwei Jahren und sechs Monaten verurteilt. Tiefe Bitterkeit grub sich in ihr ein. Sie wusste, dass sie einen großen Fehler gemacht hatte und litt unter Schuldgefühlen. Durch die Arroganz der Richter, die sie als Lügnerin und Kriminelle abgestempelt hatten,

fühlte sie sich zutiefst gedemütigt und beschämt. Bei der Vorstellung, selbst in Deutschland islamistischen Verbrechern begegnet, ausgeliefert und von ihnen erpresst worden zu sein, stieg in ihr dumpfe Wut auf. Die Sorge um Helen, die vom Jugendamt in ein Kinderheim eingewiesen worden war, war für sie eine ständige psychische Marter.

Von diesen Steinen aufgerieben und zermalmt, warf sie sich nachts im Bett hin und her und haderte mit sich, der Welt und Gott. Als ihr eine Woche vor der bedingten Entlassung aus der Strafhaft mitgeteilt wurde, dass Helen aus ungeklärter Ursache plötzlich verstorben sei, brach ihr Lebensstrom ab, versickerte im Nichts und stieß sie in eine lebensfeindliche geistige Wüste. Ohne Liebe, ohne Glauben, ohne Hoffnung suchte sie Erlösung im Tod. Der Tod wurde für sie ein dämonisches Mysterium, machtvoll und anziehend, das allein befreiende Erlösung versprach. In mystischer Hingabe trat sie in Berührung mit dem Wesen der Ewigkeit, fühlte sich angenommen, gereinigt, erleuchtet, vereinigt. Ihr Herz blieb dabei still und ruhig, ohne

Spuren von Lust und Leid. Sie verließ die Sinnenwelt ohne Wunsch und Begehren mit vollkommenen Verzicht und tauchte ein in das Licht der Unvergänglichkeit. Stieg in die Tiefe der Unterwelt und schwebte im himmlischen Raum, fand , vom Glück verstoßen, vom Fluch verfolgt, Vergessen in der Dunkelheit der Nacht und ließ hier alle Lust und allen Schmerz im Nichts verwehen. Sie hatte begriffen, dass ihr Leben als Leidensweg vorbestimmt war und wollte deshalb keine Rückkehr ins alltägliche Leben. Judith erhängte sich, konnte gerettet werden und wurde in eine psychiatrische Klinik eingewiesen.

Außerhalb der Therapiezeiten ging Judith allein im Stationsgarten spazieren. Dann sang sie leise eine Strophe eines aramäischen Volksliedes vor sich hin:

„Wo ist das Vögelchen,
das Vater mir schenkte?
Es flog in den Himmel
und ließ mich zurück.
Bin einsam und verlassen,
es fand wohl im Himmel sein Glück."

Sie war fest entschlossen, bei nächster Gelegenheit ihr Dasein auf Erden zu beenden.

Der Pfarrer der aramäischen Kirchengemeinde besuchte Judith regelmäßig in der Klinik. Er und der Psychotherapeut standen vor einem Fenster, sahen, wie Judith im Stationsgarten Runde um Runde drehte und unterhielten sich:
„Wird sie aus ihrer Depression den Ausweg finden?"
„Man weiß es nicht. Sie ist noch jung, sie ist bereits Welt zu gewandter und ihr Gang ist dynamischer geworden. Vielleicht. Ein verkümmertes Reis, arm und klein, sprießt selbst auf Felsgestein, wenn Regen vom Himmel es erreicht."
„Ich frage mich oft, wie viel Leid kann ein Mensch ertragen?"
„Für sie war es zu viel. Sie hat alle Menschen, die sie liebte, verloren. Es sind Wunden, die schwären fort und heilen oft nicht mehr."
„Man sagt, dass ihr Bruder ihr Kind auf der Flucht vor dem Ertrinken retten wollte und dabei selbst ertrunken sei?"

„Ja, er konnte selbst nicht schwimmen."
„Welches Motiv hatte er, sich dieser hoffnungslosen Situation auszusetzen?"
„Es war keine hoffnungslose Situation für ihn. Er war überzeugt, nur die gelebte Liebe ist das Tor, durch das wir dem Tod entrinnen und das Leben gewinnen können."
„Ja, das ist das fundamentale Ethos unseres christlichen Glaubens."

Judith hielt auf ihrem Rundgang auf einmal inne. Vor ihr hatte sich auf einem Strauch ein Buchfink niedergelassen. Er begann zu zwitschern und mit hohen Tönen seine Liebste zu locken. Sein Gesang klang so rein und hell, wehmütig mit heiterer Lust erfüllt, voller Hoffnung, herzerweichend, inniglich Wonne voll. Waren es nur eitel Töne? Nein, Judith hatte die Augen geschlossen und lauschte wie gebannt. Über ihre Wangen tropften Tränen, erst vereinzelt, flossen schließlich wie ein Bächlein, lösten ihren Schmerz und ihre Trauer. Im Geiste sah sie ihren Bruder, den kleinen, buckligen und hässlichen Noah mit den klugen und Esprit sprühenden Augen vor sich, spürte seine leibliche Nähe und hörte ihn vertraute Worte sprechen:

„Schwester, nicht verzagen, kämpfen, hoffen, dann steht uns der Garten Eden offen. Jeder Tag ist Neubeginn - nicht das Ende. Was danach kommt, legen wir getrost in Gottes Hände."

Judiths Tränen
Novelle

*„Die Erzählung musste ich erst einmal weglegen, weil die Beschreibung der Menschen und die Beschreibung ihres Verhaltens und Handelns sehr nah, ja, manchmal zu nah, an Bilder gerückt ist, die ich selbst in mir trage."*
*(Prof. Dr. Dabagh)*

Bisher sind vom Autor erschienen:

Siegfried Binder
Legenden um die Liebe
2014 Verlag:edition Fischer
ISBN 978-3-86455-928-0
Euro 9,80

*„Der etwas kitschige Titel sollte den Leser nicht in die Irre führen, allzu romantisch geht es in dem Buch nicht zu. Es geht mehr um die Abgründe der Liebe und die Sexualität, etwa um Menschen, die im Wahn morden oder weil sie das, was ihnen angetan wurde, nicht länger ertragen können.*
*Krimis sind es dennoch nicht, eher Portraits von Menschen in psychischen Extremsituationen."*
*(Der Patriot)*

Siegfried Binder
Leidenschaft schafft Leiden
2015 Verlag: BoD, Norderstedt
ISBN 3-734-761-3oo
Euro 9,8o

*„ Ob der extrem emotional reagierende Jurist, der ehemalige KZ-Häftling der seine Enkelin zur Abtreibung ihres Babys begleitet, der Sterbenskranke der seine eigene Euthanasie überlebt, oder der Ehemann der nach einem misslungenen Versuch seine demenzkranke Frau und sich selbst umzubringen wieder halbwegs glücklich wird, realistisch sind, das sei dahingestellt. Doch sie sind alle Gestalten, die auf seltsame Art lebendig und abstrakt zugleich wirken. Deren merkwürdiges Schicksal aber doch einen Sinn ergibt und Gegenwartsbezug hat."*
*(Der Patriot)*

Siegfried Binder
Bilki- Geschichten von dem afrikanischen Mädchen Bilki
2015 Verlag: BoD, Norderstedt
ISBN 978-3-738-627-640
Euro 8,99

„*Dieses Kinderbuch mit Kurzgeschichten über die Abenteuer der kleinen Bilki erzählt über die verschiedenen Werte des Lebens. Bilki trifft auf Löwen, Giraffen, Grillen, Bienen und lernt aus der Tierwelt wie wichtig Hilfsbereitschaft und Zusammenhalt sind. Kleine Bilder untermalen die Geschichten.*
*Ein wunderbares Buch zum vorlesen und lesen lassen...*"
(Dr. Holzenleiter-Weise)


Siegfried Binder
Wege durch die Finsternis
2016 Verlag: BoD Norderstedt
ISBN 978- 3-7392-3900-2
Euro 9,80

„*Ich habe diese Buch erworben und war wirklich beeindruckt von der lebendigen Sprache, dem Spannungsbogen, der Ausdruckskraft und der Themenauswahl.*"
(Literarische Blätter)


Siegfried Binder
Gefangen im Netz der Macht
2017 Verlag: twentysix Verlagsgruppe Random House
ISBN 978-3-7407-3048-2
Euro 7,99